智元微库
OPEN MIND

成长也是一种美好

李大雪

高自我认同

3步激发内驱力，让孩子自主学习

大雪教练

著

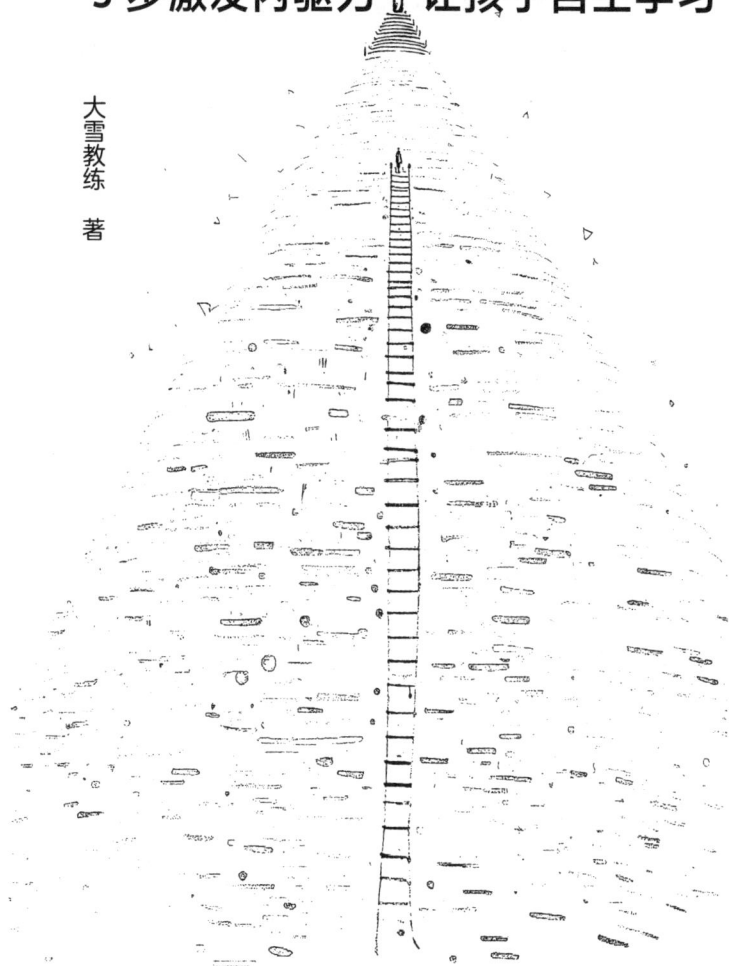

人民邮电出版社

北京

图书在版编目（CIP）数据

高自我认同：3步激发内驱力，让孩子自主学习 /
大雪教练著 . -- 北京：人民邮电出版社，2025.
ISBN 978-7-115-67348-0

Ⅰ . G791；G782

中国国家版本馆 CIP 数据核字第 2025N4Y193 号

◆　　著　大雪教练
　　责任编辑　陈素然
　　责任印制　周昇亮
◆人民邮电出版社出版发行　　北京市丰台区成寿寺路 11 号
　邮编 100164　电子邮件 315@ptpress.com.cn
　网址 https://www.ptpress.com.cn
　天津千鹤文化传播有限公司印刷
◆开本：880×1230　1/32
　印张：8　　　　　　　　2025 年 7 月第 1 版
　字数：180 千字　　　　 2025 年 7 月天津第 1 次印刷

定　价：49.80 元
读者服务热线：（010）67630125　印装质量热线：（010）81055316
反盗版热线：（010）81055315

去等一朵花开

——高自我认同是让孩子通往自律自驱的唯一路径

我 2009 年工作的重点是做青少年的心态调整，那个时候已经开始出现"鸡娃"的现象了，父母都有望子成龙，望女成凤的心态，再加上被教培机构耳熟能详的广告语"不要让你的孩子输在起跑线上"洗脑，导致不仅孩子们的压力很大，亲子关系也变得非常糟糕。在那个时期，我接触了大量被父母送过来"改造"的"问题"孩子。

父母在把孩子送过来的时候，基本上都会列出一大堆孩子的"罪状"：叛逆啦、厌学啦、学习态度有问题啦、不懂得感恩父母啦、沉迷电子游戏啦……可我在和这些孩子接触过以后，却发现他们其实都很好、很懂事、很上进，根本不是"问题"孩子。他们其实知道自己要努力学习；知道要克制自己，完成学习任务再玩；知道学习对于他们来说很重要；更知道电子产品不仅伤眼，还伤脑。虽然这些主次关系孩子们心里是很清楚的，但是为什么他们就是控制不住自己，就是管不好自己呢？原因是孩子们高自我认同的缺失，导致他们心力不足，无法驱动自己去自觉自律。

我记得一个初三的男生，他的父母说起他的情况时以泪洗面，说孩子懒散不求上进、学习习惯差、考试考得不好也不知道着急，即使父母想要帮他提升成绩，耐着性子给他做思想工作，他也不仅不领情，还很抵触，让父母无从下手，拿他没有办法。

然而，我和这个孩子深入接触下来后，发现这个孩子之所以缺乏自主学习的意愿，是因为他的内驱力根本就没有被真正激活。在他小学期间，他的父母所有的注意力都放在他的行为上，执着于修正他的行为，为他列各种计划，管控、干预他的生活，对他提各种要求。当他不配合时，父母就会把失望的情绪发泄在他身上，因此父母越是管控，他的表现就越糟糕。

为什么会这样呢？因为父母的"劲"使错了地方，所以父母越"使劲"，孩子就越反叛，越不愿意配合父母，越抵触学习。

其实，仅仅在行为层面干预和管控孩子，是不可能激活孩子的内驱力的。激活孩子的内驱力，不是在孩子的行为上用功，而是要在培养他们的高自我认同上用功。孩子只有拥有高自我认同才能主动自律，也只有高自我认同能激活孩子的内驱力。然而，上文中的这对父母只看见了自己孩子外在的行为表现，只知道在行为上干预孩子，忽略了让孩子产生内驱力最核心的心理机制——高自我认同。他们的教育方式，不仅没有通过帮孩子培养出高自我认同，让孩子实现自驱，反而在不断地拉低孩子的自我认同，让孩子自我认同越来越低，内在能量越来越弱，最终自暴自弃。

这对父母听我说完后非常后悔，觉得自己要是能够早几年接触到这个理念，孩子就不会是现在这个样子。

我能够理解，家长们都很重视对孩子学习习惯的培养，出发点也是想把孩子培养好。然而，大部分家长的教育认知还停留在干预孩子行为的层面上。他们把大量的时间和精力花在管控和修正孩子的行为上，殊不知行为只是孩子内在自我认同的外在表现，孩子有什么样的自我认同，就会产生什么样的行为，行为是标，自我认同才是本。家长想要孩子有内驱力、自觉自律，其根源在培养孩子的高自我认同上。

没有哪个孩子是不想自己好的，如果父母能够在孩子的信念系统和价值观成型的关键期，帮助孩子建立起高自我认同，有意识地在孩子的头脑中植入高自我认同的信念，那么这个信念就能助力孩子的整个成长过程和未来的人生。

遗憾的是，在孩子信念体系和价值观成型的阶段，很少有家长能够意识到这一点。随着"鸡娃"的风潮愈演愈烈，家长来找我做咨询，99%都是因为孩子的学习问题，可他们其实只想寻求快速搞定孩子行为的手段。

很多家长为孩子缺乏自主学习动力而苦恼：孩子需要家长盯着、催着、吼着去行动，明明40分钟就可以搞定的作业，孩子却要花一两个小时才能完成，写完了就迫不及待地跑去玩了。明明完成作业并订正是孩子自己的事情，却要家长来帮忙订正，发现错题时，孩子还不愿意改正，也不愿意主动思考，题目读一遍没有思路，就喊家长帮忙。在周末和假期，孩子更是拿起电子产品就放不下，即使家长强制没收电子产品，想让孩子多看看书、多去户外活动，孩子还要闹脾气。我曾经很多次在深夜收到家长情绪崩溃的求助信息，这样"家长受累，孩子受罪"的学习模式，表面上看是孩子不自律、不自觉、缺乏上进心导致的，然而深究下来就会发现，问题的根本，几乎都是因为孩子自我认同低造成的学习动力不足。

孩子一进入小学，甚至还没进入小学时，焦虑的家长们就只顾着手忙脚乱地督促孩子学习。有些家长倒是有培养孩子行为习惯的意识，可他们把精力都用在了培养孩子的行为习惯上，而忽略了塑造孩子的高自我认同。因为孩子们缺乏高自我认同，所以他们面对学科难度的升级、学业压力的增大时，其内在没有力量作为支撑，从而越学越无力，越学越自我否定，最终对学习失去兴趣。当孩子的学习问题日趋严重的时候，家长才遗憾地发现，自己漏做了一项很重要的育儿功课，那就是塑造孩子的高自我认同。

我做家庭教育顾问已有15年的时间。这15年，我都在研究如何塑造孩子的高自我认同。我几乎没有见过哪个自觉学习的孩子是靠家长"盯"出好习惯来的。小时候是学霸的家长们，请你们自己回忆一下，你们的学习习惯是靠父母"盯"出来的吗？那时其实已经有少部分高认知水平的父母开始意识到，培养孩子内在的能量，才是让孩子拥有自驱力的根本。他们把心思花在浇灌孩子的心灵上，不仅不把自己的意志强加给孩子，相反，还以给孩子正反馈的方式来滋养孩子的高自我认同。只要孩子内在有力量，自然就有学习动力。于是，这些家长就真的告别了"盯、催、吼"这样痛苦的育儿模式，实现做好自己分内的事，也就是照顾好孩子的饮食起居，而他们的孩子在学习上也可以做到自觉、自律、自驱。

在大部分家长一味追求孩子学习成绩的年代，我和这部分家长已经意识到，塑造孩子的高自我认同比让他们获得好成绩重要得多。想要孩子自觉、自律、自驱，培养孩子的高自我认同是必经之路。高自我认同带来自律，低自我认同带来自暴自弃。只有拥有高自我认同，孩子内在才能有力量，对变得更好、变得更强产生渴望。同时，高自我认同带来的信念会约束孩子的行为，从内在开始，让孩子自觉、自律、自驱。高自我认同就像肥沃的土壤，只要是健康的种子播撒下去，就会自然而然地生根发芽、自然而然地茁壮成长。孩子有高自我认同，面对学习就是主动的、面对困难就是积极的，自然，他拿到的结果就是理想的。而低自我认同就像是贫瘠的盐碱地，即使再好的种子播撒下去，也很难生根发芽。孩子自我认同低，面对学习就必然是被动的、面对困难就必然是逃避的。家长会发现，当孩子没有高自我认同时，他们即使想要帮助孩子进步、想要帮助孩子提升，也无从下手。哪怕家长不惜花高价送孩子上补习班，其学习效果也是打了折扣的，最终的结果也是不理想的。

因为孩子的高自我认同是一种内在的能量，它是看不见、摸不着的，很容易被家长忽略，而孩子的成绩和行为是外在很直观的表现，很容易引起家长们的注意，所以很多家长就忽略了对孩子内在能量的培养，把注意力全部放在孩子外在的表现上：孩子计算题老是出错怎么办？孩子做作业拖拉磨蹭怎么改变？孩子字写不好怎么纠正？孩子对学习不上心、懒散怎么引导？诸如此类。

这样，家长无形中就陷入了一个不断寻找方法，去修正孩子行为的误区中，不知道只有培养孩子的高自我认同才能让孩子自律，而低自我认同只会让孩子自暴自弃。如果家长在孩子对家长最依赖、最信任的阶段，去透支他们毫无保留的信任和依赖，用威胁、交换、打骂等方法去搞定、控制他们，不断地拉低孩子的自我认同，破坏孩子的自驱力……在这样的教育下，孩子的内心就不会有力量。这样成长起来的孩子只会越来越无力，等到他们长大到可以和家长抗衡的时候，就会要么愤起反抗，要么就彻底"摆烂"。

无力感的终极体现就是无所谓。

为什么高自我认同对于孩子的自驱力如此重要？

自我认同在心理学中又叫自我同一性，指个体对自己的身份、特点和价值的认同与接受程度。简而言之，就是一个人打心底里对自己的看法，他心中的"我是一个什么什么样的人"就是他的自我认同。

那么，什么是高自我认同？一个人对自己积极正面的评价和信念，就叫作高自我认同。比如"我是一个勇敢的人""我是一个自信乐观的人""我是一个负责任的人""我是一个说到做到的人"等，都可以被称为高自我认同。

与之相对应的是低自我认同。什么是低自我认同？和高自我认同相反，一个人对自己负面消极的评价和信念，比如"我是一个胆小懦弱的人""我是一个没用的人"等，都是低自我认同。

《易经》里有一句话："蒙以养正，圣功也。"蒙者，物之稚也，顾名思义，指的就是孩子小的时候。养正，指的就是培养孩子的高自我认同。那为什么说这是"圣功"呢？3～12岁是孩子自我意识开始觉醒并发展的阶段，也是他们价值观和信念成型的关键期。然而，他们此时虽然开始有自己的想法、自主的行为，但是因为认知的局限和经验的欠缺，他们看待自己、看待外界事物带有很强的主观性，很容易根据自己喜不喜欢、舒不舒服来做选择，难以有长远的认识。与此同时，孩子需要面对校内更繁重的学习压力，也就更需要父母及时帮助他们建立起高自我认同。只有这样，孩子在未来学习难度越来越大的过程中，其内在才会有力量支撑他去面对越来越大的挑战，建立起对自己的学习负责任的意识，让孩子有目标感、有上进心，同时也有心理韧性。因此，我才会说培养孩子的高自我认同是"圣功"。在孩子成长的这个阶段，父母的首要任务其实不是狠抓孩子的学习成绩，而是稳定自己的内核，帮助孩子培养高自我认同。

当然，我不是说孩子的学业不重要，只是希望父母们在培养孩子的时候不要本末倒置，要分清先后主次，一定要优先培养孩子的高自我认同，再关注行为，最后才是关注成绩。想要孩子在学习上自驱，父母首先要培养的就是他的高自我认同，因为高自我认同就像是一种"人设"，会由内而外地约束孩子的行为。

比如，如果一个孩子的高自我认同是"我是一个勇敢的人"，那么这个信念就会从内在约束他的言行，给予他战胜困难、挑战自我的勇气，从而让他愿意去克服学习上的困难。当他凭借这个信念做到克服困难以后，这个"做到"的结果又会滋养和强化他的自我认同，于是他又会渴望做得更好，这就为他提供了源源不断的内在驱动力。这就是高自我认同与自驱力的关系。

人的意志力是一种消耗品，需要不断有能量供给才能得到补充。而学习是一种非常消耗意志力的行为，高自我认同则是意志力的能量源泉。因此，高自我认同是孩子学习的意志力的基石。

如果家长只关注孩子的学习成绩，而不注重塑造孩子的高自我认同，就好像在一个人的肌肉还没有力量时，就逼着他要100多斤重的大刀一样。这个人之所以提不动刀，不是因为刀有问题，更不是因为人有问题，而是他的肌肉还没有练强壮。孩子的学科知识就像这把大刀，高自我认同就是强壮的肌肉，只有拥有了高自我认同，孩子的学习才能得心应手，学到的知识才能为孩子所用。

所幸，现在正是家长们一个很好的改变时机，由于自媒体的发展,我的"高自我认同带来自律"的理念为越来越多的家长所认可,很多家长开始跟着我的视频学习,开始转变自己的教育认知,开始让自己真正以支持者的身份去培养孩子。看到越来越多的家长和孩子从中受益,我感觉到我15年前改变家长们教育认知的愿景即将实现。

想要培养孩子的高自我认同,家长的转变是大前提。如果家长不变,那么改变孩子这个目标基本是无法实现的。只有家长的教育认知先转变过来,让自己拥有一个稳定的内核,然后才能帮助孩子培养高自我认同。高自我认同的信念会让孩子约束自己的行为,实现自律。同时,高自我认同的信念还会激活孩子对变得更好、变得更强的渴望。有了这种渴望,孩子才会有上进心和自我要求,从而实现自驱。高自我认同塑造成型以后,家长只需要顺应孩子身心发展的规律,逐渐后退、放手,孩子就能实现真正的自觉、自律、自驱。

我不想再看到那些本来可以闪闪发光、活出自己的孩子,却因父母的情绪及其教育认知的局限而暗淡下去,因此我近15年都在用我所学的专业知识研究和打磨这套培养孩子高自我认同的系统。非常感谢大家的厚爱和信任,现在自媒体平台上已经有超过15万位家长在跟着我学习了,而如今,我得以把这套体系整理成册,以书籍的方式呈现给大家,让更多想改变自己、想改善亲子关系、关心孩子身心发展的家长也能学到这套系统。

本书总共有三个部分,完整地呈现了一套塑造孩子高自我认同的体系:首先,本书会从调整家长情绪入手,运用觉察和区分两种方法,帮助家长们保持稳定的内核,这是家长帮助孩子塑造高自我认同的基石;其次,本书会带着家长们了解教育心理学知识,从认知和心态方面帮助家长们真正读懂孩子,搭建家长培养孩子高自我认同的桥梁；最后，本书将手把手教家长们如何培养一个具有高自我认同的孩子。以上内容都是我 15 年教学经验的结晶，家长们只要根据本书操作实践，在面对孩子的问题时，就一定可以不再迷茫，最终培养出一个具有高自我认同的孩子。

　　培养好一个孩子确实是不容易的，这是事实。作为父母，我们必须面对这一点，因为教育本就是一个过程漫长且复杂的任务。既然道路是我们选择的，我们就一定要勇敢地走下去，把养育孩子当成自我成长的功课。只要开始行动，去实践、去改变，相信在陪伴孩子成长的同时，你也能收获一个更好的自己。

　　去等一朵花开，我会陪着大家。

目录

第一部分
父母内核稳定
一切教育的基石

》第一章》　觉察
拥有稳定内核的开始

第二部分
读懂孩子
塑造高自我认同的桥梁

第三部分
高自我认同
孩子自驱的土壤

》第六章》　高自我认同
孩子自主学习的地基

》第七章》　培养高自我认同的六大关键点

致谢

第一部分

父母内核稳定
一切教育的基石

第一章 | 觉察
拥有稳定内核的开始

　　家长们或许都曾有过这样的经历：虽然在接孩子放学前就狠狠下定决心，今天一定不要再发脾气，要和孩子好好相处，但回家后还是忍不住在教育孩子时情绪上头。

案例：

　　我的孩子从写作业到睡前都还算听话，虽然写作业时有些畏难的小情绪，但我也通过耐心的引导帮他克服了。可是那天作业有点多，完成的时间有点晚，再加上孩子收拾书包的时候边收边玩，又磨蹭了一会儿，导致我们开始洗漱的时候已经接近 10 点了。

　　我觉得时间太晚，就在孩子刷牙的时候对孩子说："要不今晚就不读故事书了，直接睡吧。"听到这句话，孩子当即就表示反对，嘴里喊着："不要！不要！不要！"于是我耐着性子和孩子解释："时间太晚了，明天早点弄完，就给你读。"孩子不愿意接受，马上开始大哭。我再次控制住自己的情绪，和孩子商量："那么我们就读一页，因为时间真的太晚了，你明天又要早起。"没想到孩子不仅没有停止哭闹，反而情绪升级，在地上打滚，牙膏也被抹得到处都是。看到这种景象，我再也忍不住了，情绪爆发，疯狂地对孩子大喊大叫，孩子也不停地哭，一直吵闹到 11 点，让双方都非常受伤。

情绪调节的误区

要么压抑，要么爆发，这是大部分家长在面对自己育儿时产生的情绪的做法。

一直以来，家长们对于情绪管理的认知普遍存在一个很大的误区，即：情绪管理 = 忍住不发火。实际上，压抑并不能让情绪消失。负面情绪无论是像火山爆发一样喷涌而来，还是像墙里漏水的水管一样缓慢渗透，都会对我们造成干扰，影响我们与孩子情感的链接和对事实的判断。并且我们是人，只要是人，就不可能没有情绪，大多数人也没有王阳明那种"此心不动，随机而动"的境界。因此，我们忍住不发火，只是把情绪压抑下去了，随着情绪在心里不断地积压，总会有那么一个节点，会让我们的情绪犹如火山喷发一般爆发出来，无意识地说出一些伤害孩子的话，做出一些伤害孩子的行为。

我相信，这样挫败的时刻几乎所有的家长都经历过。如果你正在经历这样的挫败，或者你刚对孩子发完脾气，此时此刻，我邀请你放下愧疚的心理负担，也不要觉得自己是很失败的家长。

亲子关系本来就是最难处理的关系，第一次做家长的你已经很努力在控制和调整自己的情绪了。控制不住情绪，不是因为你出了什么问题，而是因为你还没有觉醒，你的所有情绪都是在无意识状态下产生的。你只要学会觉察和区分，就能获得一把打开"母慈子孝"这扇大门的钥匙。

高维育儿觉醒之路

家长稳定的内核是一切教育的基石。我们学习情绪调节的目标，不是要让情绪消失，而是要学会如何消解情绪，让我们不被情绪支配，拥有稳定的内核。只有这样，我们才能有效引导孩子，与孩子建立亲密合作的关系，塑造孩子的高自我认同。

在心理学上，情绪管理指的是：**通过对自己情绪的察觉和调节，实现对自身情绪的把握。**

正确的情绪调节其实有三个步骤，这三步分别是：一、停，二、觉察，三、区分。忍住不发火只是第一步，如果你道理都懂，却就是做不到调节好情绪，就是因为你的情绪调节只停留在第一步。然而99%的家长却不知道后面的这两步才是关键。

只要把这三个步骤都做到位，育儿对于你来说就不再是一件痛苦且内耗的事，你面对孩子时就是松弛的、愉悦的，你传递给孩子的能量也是滋养的能量，可以说，只要你把觉察和区分做到位，那么你在育儿过程中遇到的大部分问题都将迎刃而解。我在书中会毫无保留地把相关内容分享给大家，希望大家能够认真练习、深入理解，掌握觉察和区分的精髓。愿每一位家长都能拥有稳定的内核，成为孩子成长道路上的领航员和教练。

·第一节·
万法唯心造，情绪来源于看法

我们都渴望成为内核稳定的父母，然而，在面对孩子时控制不住自己的脾气，这让我们深感痛苦与无力。以往，我们对自己的情绪缺乏觉察，每当外界有刺激出现，情绪便会瞬间在头脑中占据上风，理智也随之消退，让我们仿佛被一只无形的手操控，变得如同情绪的提线木偶一般。在这样的状态下，我们的情绪几乎完全依赖于潜意识的自动反应，这时的我们就像蒙着眼睛开车，既不知道何时会掉下悬崖，也不知道何时会开进海里，对孩子的引导和教育都在盲目与混乱中进行。

然而，一旦我们开始自我觉察，就像揭开蒙着眼睛的眼罩，顿时就能看清道路和方向了。这时，我们育儿的过程就能从无意识转变为有意识。

觉察能够帮助我们看见自己的情绪来源于哪里，是情绪调节的开端。

成为情绪的观察者

当你看见河，你就在河之外；当你看见山，你就在山之外；当你可以看见自己的情绪，你就在情绪之外。如果你能有意识地把自己从情绪中抽离出来，你就成了情绪的观察者。

觉察是一个内观的过程，是个人成长和改变的基础。觉察不等于自我反省，它是不带评判的看见。以第三方视角客观地观察自己的情绪和感受，明确自己当下的状态，就叫做觉察。

自我觉察分为两个层面：浅层觉察和深层觉察。

浅层觉察就是观察自己当下的情绪，给当下的情绪下一个定义。

比如，当一件事情触发了我们的情绪时，我们就可以借此去内观：当听见孩子夜间咳得很厉害时，我此刻是焦虑的、担心的；发现孩子糊弄作业时，我此刻是愤怒的、失望的；看见老师的来电时，我此刻是紧张的、害怕的，等等。当被发生的事件触发了情绪时，我们作为观察者，停下来给自己当下的情绪去下一个定义，这就是浅层觉察，是觉察的第一个层面。这非常简单，我相信大家都能学会，接下来我要重点讲讲深层觉察。

深层觉察，顾名思义就是更深一步去观察自己。它主要有两个方向：（1）我的情绪来源于我的什么看法？（2）我的这个看法是由什么潜意识信念引发的？

一个人 90% 的情绪来源于他的看法

这个世界上的很多事情，都只是一种客观或者中性的存在，没有任何的意义，也没有好坏对错，这些所谓的意义和好坏对错，都是我们人类赋予它们的。

万法唯心造，我们看到的世界的样子就是我们内心的投影：

从前有两个秀才，他们进京去赶考，在路上走着走着，就遇到了一支出殡的队伍。

秀才 A 看到这支出殡的队伍，心里就产生了一个看法："哎呀，好晦气呀，我今天怎么那么倒霉？"

这个看法影响了他的情绪，他越想越沮丧，越想越担心："我今天这么倒霉，运气这么不好，我考试会顺利吗？我能考上吗？"

当他这么想时，他会带着什么样的情绪去考试？担心的、恐慌的、不自信的情绪。受到这种情绪的影响，他心绪不宁，真的在考场上发挥失常，名落孙山。

秀才 B 虽然也遇到了同样的事情，但是他的看法是什么？"棺材，'官''财'，升官又发财，真是好兆头！"秀才 B 觉得这是一个好兆头："升官发财，不就意味着我能够高中嘛！"因此他越想越激动、越兴奋、越自信。于是，他信心百倍地去考试，文思泉涌，超常发挥，结果真的金榜题名。

虽然这只是一个寓言故事，但它很好地诠释了看法是如何引发人的情绪，情绪又是如何影响人做事的最终结果的。

在我们的实际生活中，其实无时无刻不在上演着秀才 A 的故事——一个事件的发生，引发了我们内心的看法，这个看法点燃了我们的情绪，情绪让我们失去理智，从而让我们做的事有了一个糟糕的结果。

我们在教育孩子的过程中，很多次的情绪爆发，看似是孩子在激怒我们，其实不然。比如，表面上看，是因为孩子发脾气、耍赖，才让家长情绪爆发，而当我们带着觉察透过现象看本质时，我们会发现：不是孩子的行为引发了家长的情绪，而是家长对孩子行为产生的看法引发了他们的情绪。这个看法就是：我越是退让，你越得寸进尺，挑战我的底线。真正引爆家长情绪，让家长对孩子大喊大叫的根源是这个看法！

客观来看，孩子哭只是一种正常的情绪反应和情绪表达，没有好坏对错，然而家长对它的看法是有好坏对错的。

同样是情绪反应，为什么婴儿时期孩子的大哭不会激发我们的愤怒？因为我们对他的行为没有看法，也就不会受到情绪的干扰，所以我们会看到他大哭背后的需求：困了、饿了、拉了、肠绞痛了，等等，并会情绪平和地去帮助和照顾孩子。而随着孩子的成长，我们无

形中就会对孩子的行为产生很多看法，即使孩子的行为是和婴儿时期
一样的哭泣，也会引发我们的情绪波动。

看法造成对抗，引发情绪

　　行为和情绪只是孩子内在需求和心态的外在反馈，它没有任何好或
坏、对或错，然而对它们的看法有。看法会让我们带着好坏对错的评判
来解读孩子的行为和情绪，从而造成亲子间的对立，引发我们的情绪。

　　比如，孩子不愿意和长辈打招呼。不打招呼只是一种行为，背后
对应的可能是孩子对不熟悉的人和环境的恐惧，这种行为没有好或
坏、对或错。而我们一旦带着"孩子不和长辈打招呼，就是没礼貌、
没家教"的看法，对孩子行为不满的情绪就会产生，我们越不满，就
会越强迫孩子打招呼，我们越强迫孩子，他就越恐惧，就越是不愿意
打招呼，我们对孩子"没礼貌、没家教"的看法就越深，最终引发我
们对孩子失望、愤怒的情绪。

　　再比如，当你给孩子讲题时，孩子走神了。走神只是一种行为，
任何人都会有走神的时刻，你在听我讲课时也会走神，这很正常，同
样没有好或坏、对或错的说法。可你如果带着"孩子听讲题时走神，
就是学习态度有问题"的看法，那么你的愤怒情绪就会产生。孩子感
受到你的愤怒，其大脑应激状态启动，就更难以集中注意力。孩子越
集中不了注意力，你的这个"学习态度有问题"的看法就越强烈，最
终导致你情绪爆发。

　　看法让我们戴上了有色眼镜，不能客观地看待孩子的行为、内心的
活动以及真实的需求，甚至让我们误读孩子的行为，给孩子贴上各式各
样的标签。当我们开始觉察，知道我们的情绪其实来源于自己的看法的时
候，我们面对情绪，就迈出了从无意识状态向有意识状态前进的第一步。

· 第二节 ·
踩下刹车，找到你的情绪开关

案例：

　　曾经有位家长哭着给我发信息，说她已经连续 3 天因为送孩子上学而上班迟到了。这 3 天每天早晨都像打仗一样，让她发着脾气出门。在第四天的早晨，她终于因为孩子在上学路上蹲在路旁看蚂蚁搬家而彻底爆发。她在小区人来人往的路上吼了孩子一顿，孩子因此哇哇大哭，她则只能连拖带拽地把孩子弄进学校。毫无悬念，她上班还是迟到了。她说，她在上班的路上就在想，其实孩子只是好奇，给孩子一两分钟看蚂蚁，满足孩子的好奇心，对上学根本没有任何影响，她也不会上班迟到，反而是她和孩子拉扯、对抗的过程浪费了太多时间，导致她迟到。只是那一刻，她就好像失去理智了一样，头脑转不过弯来。

　　在两千多年前，柏拉图讲过一个战车寓言：我们的身体就好像一辆战车，而我们的头脑里有三个自我，分别是一位车夫、一匹白马和一匹黑马，黑马象征本能，白马象征情绪，车夫象征理性思考。在脑科学和心理学得到发展的今天，柏拉图的这个寓言仍然适用：那两匹一黑一白的马就是我们的潜意识，车夫则是我们的理智。在觉察之前，让头脑中的"马"，也就是潜意识去掌控我们情绪的方向是非常危险的，因为它是没有理智的，也不会思考和分析，只要受到刺激，它就会被触发应激反应，开始不管不顾地奔跑，哪怕前面是危险的悬崖。潜意识的应激反应是我们情绪不受控的原因所在。

孩子拥有一种神奇的力量，能够揭示我们尚未被解决的内在问题。如果养育孩子的过程让你抓狂、让你痛苦，这就可能意味着你有一些内在功课需要去做。

没有无缘无故的情绪。每当有情绪出现，就说明你的某一个情绪开关被触发了。这个开关一旦被打开，情绪就会自动开始运行，理智根本无法介入。只有找到能够触发这个情绪开关的看法，我们才可以自主选择是打开它，还是关闭它。

找到你的情绪开关

在教育孩子的过程中，我们往往都是对孩子发完脾气以后，才后知后觉地看见孩子真实的需求以及想出最恰当的处理方法，却没有办法在情绪爆发之前，就通过觉察来及时给自己的情绪踩刹车。

制作一张情绪表格，可以在这一点上帮助到你，它会像一个哨兵一样，提醒你及时踩下情绪的刹车。

你可以在平时多去观察自己的情绪，参考下表，尝试给自己制作一张情绪开关表。你需要通过回忆引发你情绪的事件去觉察自己，并写下触发你情绪的看法，以及你是如何下意识地去应对的。你写下的这个看法就是触发你情绪的开关，如果你能够根据这个表格（见表1-1），预判即将出现的触发你看法的场景，提前给自己打好预防针，那么你在面对情绪时就不会那么无措。

表 1-1　情绪开关

情绪触发开关（看法）	情绪反应
感觉被误解或被反驳	责备对方或感觉愤怒

情绪触发开关（看法）	情绪反应
感觉缺乏掌控感和失控	暴怒、悲伤或想放弃
感觉别人对自己失望	逃避或者试图违背自己意愿讨好他人
感觉不受重视或被不公平对待	对对方进行阴阳怪气、含沙射影等语言攻击
感觉疲倦或身体不适	产生受害心态、刻薄指责对方
感觉被否定打压	证明自己是对的或者想退缩
……	……

只要我们能够找到自己常见的情绪触发开关，并且刻意留意，那么我们就能够在情绪开关被触发之前，有意识地去控制情绪。这就像给自己的情绪洪流安装了一个闸门，是打开它，还是关闭它，都由我们的理智说了算。

刻意练习，尝试倾听心里的对话

接下来请大家跟我一起做一个觉察练习。请大家把自己带入以下的情境中，跟着我的节奏，去听听自己心里的对话，学习觉察自己内在的看法：

你正在上班，突然收到了孩子老师的一条信息：某某家长，您好，某某今天又不遵守课堂纪律。举手后，老师没有请他发言，他就在下面大声插话，老师批评他以后他又和同桌讲小话，影响其他同学听课，请家长注意培养孩子的行为习惯。

在你收到老师信息时，你的情绪是什么样的？你对这件事的看法又是什么样的？

花一分钟的时间，去觉察一下自己，再接着往下看。

我相信，基本上百分之百的家长在收到老师这样的信息的时候，心情都是慌乱的，心里一定会有情绪的起伏。我们对此有情绪很正常，当孩子的老师找我反映孩子在校的问题时，我也会慌乱。可我们不能任由这股情绪"作妖"，让自己被它操控，我们要从此刻开始让自己有意识地觉察自己的情绪。

首先，请大家尝试去做浅层次的觉察，给自己的感受下一个定义。

有的家长会对此感到非常担心、焦虑，有的家长则会感到愤怒，无论产生了什么情绪，我们都要诚实地定义它，这是浅层觉察。

好，接下来我们再来做更深层次的内观：去看看我们心中产生了什么看法，并把触发自己情绪的看法记录到表格里。

这个时候我们要做什么事呢？我们要去看：**我的什么看法引发了我这样的情绪？**

请大家尽可能去回忆孩子的老师联系你的时候，你情绪波动的感觉，把自己带入这个情境，觉察自己的看法。请花两分钟去思考自己的看法，你可以把它们记录下来：

这个看法有可能是害怕老师对自己的孩子产生不好的印象，继而觉得是家长没有把孩子教育好；

也有可能是怕老师给孩子贴标签，针对孩子，导致孩子在学校的日子不好过；

也有可能是担心孩子跟不上学习进度，孩子如果上课不专心、听课效率低，学习进度就会落后，成绩也会一步落后步步落后；

……

请你尝试去倾听自己心里的声音，去捕捉自己的想法，觉察引发自己担心、焦虑情绪的看法是什么。

事情发生后，我们心里这些嘀嘀咕咕的声音，其实就是我们对这件事的看法，也是触发我们情绪的开关，只是过去我们自然而然地忽略了它们，而现在我们要有意识地去留意和记录它们。

制作你的情绪开关表

在事件发生时，你就可以按照前面的步骤，由浅到深去觉察自己，并按照表1-2给自己制作一个情绪开关表，这样你就能对触发自己情绪的事件和自己的情绪开关越来越了解，从而大概率地避免无意识主导下的情绪爆发。

表1-2　个人情绪开关表

事件	感受	看法	触发情绪开关	情绪反应
收到老师对孩子的负面反馈	焦虑、紧张、担心	怕老师觉得自己没有教育好孩子；担心孩子跟不上学习进度	自己被否定、被误会、没面子	指责、抱怨孩子
孩子因为磨蹭，没有按时写完作业	着急、生气、焦虑	觉得孩子拖拖拉拉，以后作业更多，更加困难；担心孩子睡眠时间不够影响生长发育	孩子的行动未按照计划进行的失控感、对未知的恐惧感	责备、威胁、贬低、打骂孩子
孩子不愿去上兴趣班	无奈、担心、失望	担心孩子以后遇事养成轻易放弃的习惯	对孩子不符合自己预期的焦虑	威胁、逼迫孩子
孩子内向、胆小，被欺负不敢反抗	无奈、着急、担心	觉得孩子胆小懦弱；担心孩子在校被霸凌	对孩子的未来成长感到心疼、生气	控制孩子、包办孩子的交往
……	……	……	……	……

潜意识信念引发看法

通过觉察，我们会知道，我们对孩子的行为产生的情绪并不仅和孩子行为相关，还和我们对孩子行为的看法有关。那么，我们的这些看法又是从哪里来的呢？

你的看法，其实是你内在潜意识信念的投射。

潜意识信念投射，是指个体在潜意识层面将自己内心深处的信念、欲望或情感投射到他人身上或外部世界中的现象。通过潜意识信念投射，个体可能将自己无法实现的愿望、恐惧或不满归咎于他人或外部环境，从而逃避面对和审视自己的内心。

儿童时期是潜意识信念形成的关键时期，让·皮亚杰（Jean Piaget）的认知发展理论和埃里克·埃里克森（Erik H. Erikson）的心理社会发展理论都强调了早期经验对个体发展的影响。这一时期的经历对一个人的一生都有着深远的影响。因此那些引发我们情绪的看法，大部分可能都和我们童年时期建立起来的潜意识信念有关。

比如，如果孩子一哭，你就会莫名地烦躁，那么你的烦躁就可能是你潜意识信念的投射。也许你童年时期的情绪不被父母接纳，甚至你哭泣时会受到父母的指责和埋怨，这让你觉得哭是一件很羞耻的事情。那种不被看见的愤怒、不被理解的委屈以及无法释放的情绪，会逐渐内化为你的潜意识信念。当你有了孩子以后，孩子的哭闹就会唤醒你这部分的潜意识信念，继而让你把它投射在孩子身上。

潜意识信念是你看法的来源，也是影响你情绪的最根源的东西。

根据我指导四千多个家庭育儿的经验，我把家长在育儿中最常见的潜意识信念分成了四类，分别是：（1）对错；（2）完美；（3）回避；（4）恐惧。

接下来，我会逐一详细分析和拆解这四类潜意识信念，带着大家对自己的情绪做深层次的觉察，只有把觉察做到位，看见自己情绪的来源，我们才能运用区分的方法给自己转念，消解自己的情绪。

·第三节·
对错潜意识信念
——"你错没错？你错哪儿啦？"

案例：

这一天，学校组织春游。我的孩子平时就丢三落四，去春游之前，我向孩子交代了很多遍，校服外套脱下来后要放在背包里，或者系在腰上，不要乱放，否则春游的各个班级混在一起，外套又都是一样的，被别人拿走的话根本找不到。孩子回来时，校服外套果然丢了，我强压住怒火去学校找，在家长群里问，然而都没有找到孩子的外套。校服是学校统一和厂家定制的，外面根本买不到，找厂家定制又需要等很久，并且周一学校就有活动，要求孩子必须穿校服。联想到孩子丢三落四的习惯，我一怒之下取消了孩子周末所有的活动以示惩罚，并且要求孩子写检讨，向我深刻反思自己的错误，以让他记住这次的教训。孩子一听周末所有活动取消，立刻哭闹起来。我意识到孩子并没有认识到自己的错误，情绪更加激动，真的觉得要再惩罚狠一点他才能记得住教训。

习惯用惩罚的方式逼迫孩子认错、让孩子"长记性"的父母其实不在少数，这类父母通常都有这样的信念：只要孩子犯错了，就必须受到严厉的惩罚，这样孩子才记得住教训，下次才不敢再犯错。

以对错潜意识信念教育孩子的家长，其出发点不是孩子可以从错误中学到什么教训，而是"让他再也不敢犯错"。带着对错潜意识信念的家长在潜意识里认为，孩子不可以失败也不可以犯错，失败、犯错是很严重的事情，一旦犯错，就宛若掉入万丈深渊。这种潜意识中对犯错极度的恐惧会直接点燃家长情绪的火焰。

对错潜意识信念的成因

对错潜意识信念的形成同样指向我们幼时信念建立的时期，因为只要犯错就会面临严重的惩罚和责骂，所以我们小时候经常会因为自己的一点点小失误而产生"天塌了"的感觉，陷入无比巨大的恐惧，让我们的大脑一片空白，身体僵硬，说不出话来。

你可以根据我的描述去回忆，自己有没有这样的幼时经历：比如，当你到了学校门口，才发现没带红领巾，或者忘记带课本和作业时，你会感觉天塌了；再比如当你不小心打碎了碗、鸡蛋或者不小心弄脏了新买的衣服裤子时，你会觉得自己死定了……因为自己小时候只要犯错或者失误，就会迎来父母以教育为名的教训、打骂或惩罚，所以你会在潜意识信念里认为，犯错是一件极其恐怖和不能接受的事情。

这样一来，你在有了孩子以后，也会无意识地用对错去衡量孩子的好坏，认为孩子只要犯错了就不是好孩子了，对孩子犯错的容忍度极低。一旦发现孩子犯错了，看法就很容易引发你的情绪，让你忍不住站在道德高点去教育孩子。于是你会经常把"你错没错？""你错哪儿了？"挂在嘴边，习惯性地用惩罚的方式教育孩子，一旦孩子犯错，就必须让孩子低头认错，直到让孩子得到相应的惩罚才肯罢休。

比如如果你发现孩子撒谎，就会觉得必须得严厉惩罚孩子，认为只有让孩子害怕才能记住教训，以后再也不敢撒谎；发现孩子考试漏题，就会让孩子罚抄，让孩子以后再也不敢粗心大意……

带着对错潜意识信念的家长会特别注重自己家长的威信，觉得只有让孩子怕自己，才能管教好孩子。这看似是在教育孩子，其实只是以教育之名发泄情绪而已。因此，孩子胆小逃避的性格、不愿认错的行为，很可能都是你过去无意识地传递给孩子的潜意识信念造成的——无形之中，你也在塑造着孩子的潜意识信念。孩子是不会因为惩罚而修正自己的行为的，他只会形成一个对犯错极度恐惧的潜意识信念。可是人哪里可能不犯错呢？要是孩子在这样的教育下成长，就会变得要么缺乏担当，遇事就推卸逃避责任，胆小怕事；要么拒绝承认自己的错误，自傲自负。

看见即疗愈

如果你发现这是你的潜意识信念和你的情绪开关，那么你是幸运的。要知道，还有千千万万的人正无意识地深陷在这个潜意识信念带来的情绪牢笼中。既然发现了自己的这个潜意识信念，那么我们就要刻意地留意它。通过每天在心里告诉自己以下这段话，你可以为自己塑造新的潜意识信念：

犯错是积极主动者的特权，任何事物的学习都需要在犯错中积累经验。和不呛水就学不会游泳、不摔跤就学不会滑冰一样，犯错是学习的必经之路，不要把犯错看得那么严重。

对错潜意识信念觉察

1. 外在表现：以对错衡量孩子的好坏、习惯用惩罚的方式管教孩子、习惯逼迫孩子认错。

2. 成因：幼时因犯错遭受严厉的惩罚或打骂指责，造成对犯错的极度恐惧。

3. 对错潜意识信念教育下的孩子表现：①胆小怕事，习惯性逃避和推卸责任；②自傲自负，不愿意客观面对自己的错误。

4.建立新的信念：犯错是积极主动者的特权。

功课

一件事情发生：

一、我此刻的感受是怎样的？ _____

二、是什么看法让我有这样的感受？ _____

三、我看见自己有什么潜意识信念？ _____

·第四节·
完美潜意识信念
——"你真让我感到失望！"

案例：

我对孩子的要求很高，因为我从小非常自律，从来没有让父母操过心，父母也以我为傲。我希望我的孩子能像我一样自律和上进，我会很用心地给他做时间规划，希望能够培养他良好的学习习惯。然而事与愿违，我的孩子根本不自律，做事敷衍，得过且过，就连最基本的坐姿都要我不停修正，吃饭也会不停掉饭，这是我非常不能忍受的，我经常会为此抓狂。有次他们班级被选送到市里参加朗诵比赛，我希望他能有好的表现，至少不拖班级的后腿。为了确保万无一失，比赛的头一天，我想帮他排练，可他只是糊弄了一下就过去了，当我要求他再练三遍时，他突然就开始哭哭啼啼，不愿意排练。他的样子让我感觉非常愤怒，因为练习的强度根本不大。那一刻我失望透顶，甚至对他感到厌恶和嫌弃，同时也觉得自己是个非常失败的妈妈。

案例中这位家长的情绪就来自她的完美潜意识信念。带着完美潜意识信念的家长会认为，孩子只有符合社会的通行标准才是好孩子，如果孩子在人前表现得不好，或者不符合社会通行的标准，就是无价值的，会被人看不起。

带着完美潜意识信念的家长不仅对自己要求很严苛，对孩子的要求也极高，他们眼里几乎都是孩子的缺点和做得不够好的方面，却很少看到孩子的优点，而孩子在家长面前承受着极大的压力，性格会变得脆弱敏感，心理能量也很低。

完美潜意识信念的成因

带着完美潜意识信念的家长会认为，如果自己不够完美或表现得脆弱，别人就会不喜欢，不接纳自己。如果你也有这种信念，它的一种来源有可能是你的父母——因为他们也是完美主义者，或者很好面子，需要孩子的好表现让自己脸上有光，所以他们对你的要求会很严格甚至苛刻。一旦你表现得不够完美，让他们面子上过不去了，他们就会对你很失望。另外一种可能是，你原生家庭的父母也无法处理情绪，因此他们会很难接纳你在孩提时代与生俱来的情绪，而这会让你觉得情绪外露是一件很丢脸、很软弱的事情。你和父母也很少产生情感的连接和依恋，经常听到的话是"不许哭""你要懂事""你是我们的希望"等，一旦你的表现让父母失望了，或者你展现出了脆弱的情绪，就会不被认可、不被接纳、不被喜欢，导致你被无助和恐惧淹没，从而觉得自己没有价值。

这样，你在有了孩子以后，也会很在意外界的看法和评价，希望孩子的表现能够符合别人心中优秀孩子的标准。一旦孩子的表现没有达到预期，你心里的对比就会让你对孩子产生看法，从而引发情绪。情绪爆发的时候，你可能会用不接受的语言攻击孩子："都是一个脑袋两个胳膊，别人都能做到，你为什么不能？""你看看谁像你一样动不动就哭？""你这样的性格去学校谁和你玩？"……

带着完美主义潜意识的家长很在意外界的评价，会无意识地以所谓"优秀"的标准要求孩子，这样做不仅会给孩子很大的压力，也很容易让孩子失去自我。当孩子活在别人的评价体系里时，要么变得自尊心极强，自我要求极高，只要遇到一点失败的打击就很容易崩溃；要么形成脆弱敏感的讨好型人格，因为当家长活在曲意迎合的潜意识信念里时，孩子也很难做到不迎合外界的标准。

看见即疗愈

带着完美潜意识信念的家长，其内核是很脆弱的，因为他们一直活在自我否定里，所以外强中干。我们不要把希望寄托在别人的认可上，而是一定要从心底里去认可自己，学会自己欣赏自己，自己认同自己。这样我们才能打心底里认同自己的孩子，允许他做独一无二的自己，而不会总把他和别的孩子比较，总觉得他不够好。这种比较心态实际上是我们内心总把自己和别人比较，总觉得自己不够好的看法的投射。

该停下来了。人的完美恰恰来自瑕疵，只有这样，每个人才是独一无二的，否则人就成了流水线上的工艺品。你无法迎合所有人的喜好，如果你能做自己，你就会闪闪发光，只有这样你才能绽放。只有你绽放了，你的孩子才能自由盛放。

这个世界上就是有艳丽的牡丹和清新的雏菊，就是有高大的乔木和低矮的灌木，它们都各自活得精彩。你见过自卑的植物吗？没有吧？这是因为它们从来不去想要成为谁。

完美潜意识信念觉察：

1. 外在表现：你作为家长对孩子的要求和期望比较高，总是觉得孩子还不够好，希望孩子获得外界的认可，很在意别人的看法，只要孩子不符合"标准"，就会陷入焦虑情绪的旋涡中。

2. 成因：因为你在幼时表现不好时，你的父母表现出失望，认为你让他们丢脸，让你产生无价值感，所以你非常渴望获得别人的认可，并以此对自己有高要求。

3.完美潜意识信念教育下的孩子表现：①自尊心极强，非常在意外界对自己的评价，可能虽然表现优异，但是难以接受失败；②脆弱敏感，觉得自己什么都做不好。

4.建立新的信念：缺点和优点一起组成了独一无二的自己。

功课

一件事情发生：

一、我此刻的感受是怎样的？ _____

二、是什么看法让我有这样的感受？ _____

三、我看见自己有什么潜意识信念？ _____

·第五节·
回避潜意识信念
——"这有什么好难过的？"

案例：

孩子因为参加班干部竞选时，只有四个人给他投票而感到很沮丧。虽然我看得出来他情绪不是很好，但是我觉得这不是什么大不了的事情，没有必要在这件事上浪费过多的时间。我告诉他，班委不当就不当，搞好自己的学业才是最重要的。然而孩子却一直闹情绪，连晚上的培训班也不想去上了。我告诉他，只有变强，别人才会对他另眼相看，也鼓励他向前看，好好加油，没想到孩子却哭了起来。我们离培训班有半个小时的路程，而且还没吃晚饭，时间比较紧。我不想把时间浪费在这些无意义的情绪上，也不想因为这种小事就和培训班的老师请假，我认为孩子应该学会自己坚强面对挫折，而不是逃避退缩。可无论我怎么说，孩子都不理解，陷在情绪里难以自拔。我觉得他太情绪化了，因为一点点情绪就轻易放弃自己要做的事情，我对此很生气，真想把他丢在路边一走了之。

案例中这位家长的情绪是回避潜意识信念造成的。有的家长会无意识地回避孩子的情绪和需求，只把关注点放在事情上，无法共情孩子，也无法和孩子产生心灵上的链接。带着回避潜意识信念的父母甚至会刻意回避孩子对亲密和依恋的需求，觉得孩子不应该太依赖父母，希望孩子早早自立，经常拒绝陪伴孩子，面对孩子的情绪表现得要么冷淡，要么烦躁。

有回避潜意识信念的家长虽然不是不爱孩子，但是就是有一种无法与孩子深入交流、无法亲近孩子的感觉。面对有回避潜意识信念的父母，孩子是很痛苦的，这会让孩子的内心处于自卑的状态，缺乏依恋和安全感，慢慢地开始封闭自己的情感。

回避型潜意识信念，在父亲身上特别多见，因为自己童年时父子关系疏离，所以他们在当了爸爸以后，也会回避孩子的依恋需求。如果他们的孩子是女儿，情况就会稍微好一点，如果是儿子，爸爸就会无意识地复刻自己童年时的父子关系，继续把回避潜意识信念传递给自己的孩子。

回避潜意识信念的成因

回避潜意识信念的成因多半是个体幼年时被父母忽视，亲子关系疏离，父亲缺位，导致个体极少在父母身上获得情感上的滋养，也极少获得父母发自内心的肯定和认同。因此个体开启了自我防御机制，隔绝了和他人心灵的链接，而其内心未被满足的情感需求和渴望就变成了回避的源头。因为有回避潜意识信念的家长长期否定自己的情感和情绪，导致他们既无法和自己的感受建立链接，也无法和孩子建立情感上的链接，所以他们会把大部分注意力放在事情上，而不是人的情感上。他们关注的是事情的进展，而不是人的状态和情感。

这类家长在面对孩子时，经常会因为无法回应孩子的情绪而想要逃避，由此产生了想把孩子推开的情绪，拒绝情感上的链接，进而表现得疏离麻木，甚至冷漠。孩子因为无法从家长处获得情感上的滋养，所以要么也形成回避型人格，要么因为缺乏安全感导致性格变得孤僻自卑。

看见即疗愈

如果你发现自己是有回避潜意识信念的家长，就一定要练习和自己的内心产生链接，去看到和承认自己内心的需求和情感。只有和自己内心产生链接，你才能对家人敞开心扉，和孩子产生情感上的链接。能量只有流动起来，才能滋养到孩子。

回避潜意识信念觉察：

1. 外在表现：家长关注事大于关注人，忽视孩子的情感和情绪，难以共情孩子，以培养孩子独立性为理由，回避孩子的依恋需求。

2. 成因：家长自己的父母是回避型人格，或家长在一个情感匮乏疏离的家庭中长大，极少获得肯定和认可。

3. 回避潜意识信念教育下的孩子表现：①自卑，由于情感需求得不到认同导致不敢表达真实的自己；②胆小孤僻，由于长期的依恋需求得不到满足，导致安全感缺失。

4. 建立新的信念：情感只有流动起来才能彼此滋养。

功课

一件事情发生：

一、我此刻的感受是怎样的？ _____

二、是什么看法让我有这样的感受？ _____

三、我看见自己有什么潜意识信念？ _____

·第六节·
担心潜意识信念
——"如果我……，他会不会……"

案例：

孩子刚上学一周，回到家就说他不想上学了，讨厌学校、讨厌老师。我给孩子做了很多思想工作，说服了孩子坚持上学，可上学当天早上他却说肚子痛、想吐。我观察下来，感觉孩子不像是撒谎，可是我又担心如果我因此松口，给他请假不去学校了，会让孩子养成不好的习惯，以后他如果不想上学就以身体为借口来逃避。我想鼓励孩子坚持上学，又担心在孩子真的很无助时这么做，会让孩子失去对我的信任。我对此感到很纠结，每次遇到类似的事情都很内耗，觉得很累，情绪低落。

有的家长经常会想："如果我这样，孩子会不会就那样……"比如：

"如果我让他放学回家后先玩半个小时，他以后会不会不能收心，写作业时老想着玩？"

"如果我允许他没写完作业就去睡觉，他以后会不会为了不写作业，故意磨蹭到睡觉的时间？"

"如果他这次犯错我轻易地原谅了他，他以后会不会觉得即使犯错也无所谓，继续得寸进尺？"

"如果我接纳他暂时做不到某件事，他以后会不会遇到困难就退缩？"

……

这样的想法，在心理学上叫作敌意化投射。也就是说，你会不自觉地在心里把孩子预设为"坏"孩子，总觉得孩子只要表现出不配合的态度就是故意和你作对，比如认为孩子写作业磨蹭，不愿改错，就是学习态度有问题等。担心孩子太依赖父母，担心孩子管不好自己，担心孩子学坏……这些担心看似是家长对孩子成长的关心，其实是父母在潜意识里把孩子预设为"不好的孩子"的标志。一旦家长的心中有了这个预设，育儿就会变成一个很痛苦且内耗的过程。

担心潜意识信念成因

担心潜意识信念的内核是恐惧。小时候，你可能生活在一个动荡、缺乏安全感的环境中，或者你的父母中有一方经常陷在焦虑的情绪中，让你对失控很恐惧；也可能是你小时候经历的是恐吓威胁式教育，导致你的整个成长过程就是被恐惧驱赶着往前跑，让你的内在有很多的恐惧。

这些幼时经历在潜移默化中形成了担心潜意识信念。在你有了孩子以后，因为孩子的行为是多变的、是无法预判的，所以你的这个潜意识印痕会被激活，让你产生敌意化投射。这些假设性的担心是很消耗一个人的心理能量的，它们会让你无意识地深陷在这些假设性的担心的泥沼中。如果你总是这样内耗，你就很难有一个稳定的内核。

看见即疗愈

如果你是有着担心潜意识信念的家长，一定要有意识地让自己主动停止假设性的担心，承认自己的恐惧是虚妄的，把注意力从孩子身上回归到自身。要允许自己搞砸，因为人生的容错率其实大到超乎你的想象。当你回过头去看时，那些你曾经自认为走不出的泥沼，现在都已经变得云淡风轻了。生命本就是一场盛大的体验，你需要一边体验一边肯定自己。

如何学会区分清楚事实和头脑中的演绎，这点我会在后面关于区分的章节中详细讲解。

担心潜意识信念觉察：

1.外在表现：过度担心，习惯性地作出不好的假设，并因此纠结内耗。

2.成因：成长在环境动荡、不安全的家庭，你的父母一方焦虑情绪严重，导致你恐惧失控，或者你经历过威胁、恐吓式教育。

3.担心潜意识信念教育下的孩子表现：①因承受太多父母担心潜意识信念的投射，变得患得患失；②畏难，总因担心做不到某件事无法获得肯定和认可而放弃。

4.建立新的信念：人生的容错率大到超乎你的想象。

功课

一件事情发生：

一、我此刻的感受是怎样的？ _____

二、是什么看法让我有这样的感受？ _____

三、我看见自己有什么潜意识信念？ _____

因为觉察绝非易事，所以我帮助大家总结了以上四大类潜意识信念，大家可以把这四大类别看作一个坐标，在觉察初期帮助自己定位情绪，找到影响自己情绪的看法，继而找到自己的这些看法来源于什么样的潜意识信念。

这四类潜意识信念并不是彼此独立存在的，你在觉察的过程中可能会发现，自己不仅仅会被一种信念干扰，而是有多个信念纠缠在一起干扰着你。这没关系，只要你带着觉察去诚实地面对自己，一点点地把自己的情绪和潜意识信念分解开，整理清楚，并填入你的情绪开关表中，你对自己情绪的来源认知就会越来越明确。

要拥有稳定的内核，告别情绪化育儿，觉察是觉醒的开端。只要能通过觉察去找出我们内心困境的线索，就能避免我们在不知不觉中被潜意识信念控制。

印第安人中流传着这样一个小故事：我们心里住着两头狼，一头是主宰爱、善意、平和、信任的狼，一头是主宰恨、邪恶、愤怒、嫉妒的狼。

当这两头狼争斗时，哪一头狼会赢呢？

你经常喂养的那一头……

第二章 | 区分
消解情绪的顶级智慧

通过练习觉察，我们已经知道，很多时候我们想要找到方法"搞定"孩子，控制孩子，让孩子乖乖听话，其实都是为了安抚我们潜意识信念中的恐惧、焦虑和无价值感。那么，当我们已经洞悉了情绪的根源性成因时，面对这些由内在信念引发的情绪反应，我们又该如何化解呢？答案便是——通过区分来化解。

一切皆在转念之间

区分可以帮助我们转念，所谓幸与不幸，皆在一念之间。念一转，情绪也就随之消解了。转念，不仅仅是简单地换一个角度思考的问题，它更是一把打开自洽之门的钥匙。你或许有过这样的体验：面对同一件事，当你被某种看法困住时，你就会陷入一种执着的状态，你会感受到不公平、委屈、愤怒、痛苦，然而当你转换思维，以一种全新的视角去审视这件事时，一切似乎又都变得截然不同，你的心情也随之豁然开朗。

比如，当孩子在学校表现不佳时，我们可能会认为孩子学习不够努力，或者担心他未来的前途，因此感到焦虑、沮丧甚至愤怒。如果我们学会运用区分的智慧给自己转念，把孩子的行为视为一个洞察他内心的窗口，那么我们就能从中看到孩子成长的机会：孩子或许正在经历挫折，这正是培养他坚韧不拔的品质的最佳时机；孩子或许正在经历情绪干扰，这正是培养他目标感的最好机会……于是，我们将不再深陷于担忧和焦虑的情绪泥潭中，而能够以一种更加积极的心态去面对这个问题。

转念让我们从自己固有的思维模式中解脱出来，以全新的视角来看待育儿，我们因此变得更有定力，也能拥有更加宽广的视野。

育儿就是逢山开路，遇水搭桥

为什么我们读了那么多的育儿书籍，上了那么多的大师课，关注了那么多的育儿博主，却在遇到与孩子有关的问题时依然无从下手？明明我们已经那么努力地教育孩子，却得不到好的结果，那种面对孩子时无所适从、心力交瘁的感觉，随时都会让我们陷入深深的自我怀疑之中。我们之所以把握不住育儿的度，其实是因为不会做区分，导致我们在育儿中没有目标，分不清矛盾的主次。

区分就是把模糊不清的概念分开归类，从而让它变得明朗清晰的过程。

区分也是对育儿行动的指引，你的育儿目标越明确，矛盾主次就越分明，所有的育儿方法也就都可以为你所用。

在这一章中，我会帮助家长们学会用区分的方式给自己转念（第一~三节）和明确育儿方向（第四~五节）。只要把念转过来了，你的情绪就消解了；育儿方向明确了，你就不容易被外界的信息打乱自己的育儿节奏。当你学会看目标、分主次，你就能够在引导孩子的过程中抓大放小，你的内核自然就能稳定。

·第一节·
分清事实和演绎——育儿要有定力

　　孩子的考试成绩可以算是触动家长情绪的最灵敏的开关，无论孩子考得好还是考得不好，家长的各种担心和焦虑都会从四面八方袭来。比如，当孩子考得好时，家长就会担心下次考试孩子的成绩会不会滑坡，担心孩子会不会翘尾巴，得意忘形；当孩子考得不好时，家长又担心老师会不会找自己谈话，担心孩子的学习信心会不会受到打击，担心孩子"摆烂"不上进……

　　在上一章中，我们学习了觉察，让你能够有意识地去留意心里的这些担心和焦虑，通过按照觉察的步骤去进行内观，你会发现引发你担心、焦虑、患得患失等情绪的看法都有一层相同的底色，这层底色就是恐惧——对未知和不确定性的恐惧。

　　虽然我们觉察到了担心和焦虑情绪的底色是恐惧，但是这些恐惧带来的此起彼伏的念头还是会很困扰我们。该如何化解它们呢？这就需要我们用区分来给自己转念了。

恐惧是一种幻象

　　恐惧本身是一种强烈的情绪反应，通常与对危险或威胁的感知相关。从生存本能的角度看，恐惧是一种重要的生存机制，它能够触发"逃跑或战斗"反应，以保护个体免受伤害。例如，当站在悬崖边时，对坠落的恐惧会迫使我们向后退，远离悬崖边；当看见车辆朝我们驶来时，对被撞伤的恐惧会迫使我们避让车辆。这种恐惧反应，是基于我们对外界威胁的直接感知产生的，它对我们是具有保护作用的，可以让我们避免伤害和威胁。

在本章中，我们要区分的不是这种来自外界威胁的恐惧，我们要区分的是另外一种恐惧——我们的大脑经过加工，演绎出来的恐惧。这类恐惧往往不是基于我们对威胁的直接感知，而是基于我们对情境的解读和演绎产生的。这种演绎可能涉及对潜在威胁的夸大、对不确定性的过度担忧，以及对过去经历和负面记忆的重构。

区分清楚事实和演绎

在日常生活中，我们很少会面临来自生命威胁的恐惧，我们内心的很多恐惧其实是我们的大脑经过加工和想象"演绎"出来的。而这些演绎出来的恐惧，正是我们在育儿过程中产生的担心焦虑情绪的来源。一旦你能够把来自事实的恐惧和大脑演绎的恐惧区分清楚，你的情绪就能消解，然后，你就能以清醒的视角来看待和解决问题了。

比如，我们在育儿过程中产生的很多担心都是大脑演绎出来的，并不是事实。在觉察到自己的担心潜意识信念被触发以后，你就需要对事实和演绎进行区分，从而聚焦于分析和解决事实问题，并丢掉其中大脑演绎出来的部分，因为你无法解决大脑演绎出来的问题。那些演绎出来的担心毫无意义，除了徒增你的烦恼、内耗，让你深陷在情绪的泥潭里外，不能帮你解决任何问题。因此我们要把演绎和事实区分开来，丢掉演绎出来的担心，只解决事实问题，这样，你大部分担心焦虑的情绪就会随之消解。

聚焦于解决事实问题，你就能头脑清醒、方向清晰。

聚焦于解决事实问题，丢掉演绎

比如，当你接到孩子老师的一个电话时，是不是下意识就开始担心焦虑起来了？当你好不容易调整好情绪回到家时，却看见孩子写作业时开小差，你给他讲题时他也总是注意力不集中，你的怒火就仿佛"噌"地冲破天灵盖，忍都忍不住，对不对？我们之所以很容易被外界的反馈和孩子的行为刺激到，就是因为我们把事实和演绎混淆在一起了。

其实，你的大脑在你挂掉老师的电话之后就开始演绎了："孩子没有学习动力，对学习也应付了事，就会跟不上学习进度，跟不上学习进度成绩就会不好，成绩不好就上不了好初中，上不了好初中就考不上好高中……"当你回到家，看到孩子写作业磨蹭、听讲题不专心时，你就会想："这孩子没救了，完蛋了……"

你在担心潜意识信念的操控下，情绪爆发，收拾了孩子一顿，可问题不但没得到解决，反而让孩子和你都感到非常受挫。

然而，只要做了区分，你就能让自己转念，消解自己的情绪，从而清醒过来。虽然老师反映孩子缺乏学习动力这件事是事实，但那些"孩子因此考不上好高中""完蛋了"的想法都是你的大脑演绎出来的。如果你能把注意力聚焦在解决事实问题上，把那些大脑演绎出来的虚假干扰都丢掉，不被情绪牵着走，那么你的理智就能重新回归，从而让你能站高一线看问题。

如果孩子学习动力不足，我们就可以分析原因：是学习上遇到困难和挫败，导致孩子失去学习信心；还是因为学习难度大，导致孩子压力大；还是孩子心态出了问题，其低自我认同导致孩子缺乏学习的内驱力……只要你根据情况分析问题，然后帮助孩子调整，问题就能解决。

同理，当时间很晚了，孩子作业还没写完时，你就会开始焦虑担心，大脑开始演绎："如果孩子睡眠不足影响生长发育，以后就会长不高；如果孩子睡不够，第二天上课打瞌睡，老师就又会找家长……"这时，你就需要丢掉大脑演绎出的恐惧，看客观事实，聚焦于解决事实问题：盘点孩子还有多少作业没完成，决定是让孩子继续写，还是让孩子立刻睡觉，第二天早点起来补作业。只要不带情绪，你就能很好地解决这些看似矛盾，其实很容易作出选择的育儿问题。

你会发现，一旦你能够区分清楚事实和大脑的演绎，把注意力聚焦在解决事实问题上，你立刻就能想到解决方案，并能快速作出选择。这样，你就不再会被担心潜意识信念牵着走，你的情绪就是稳定的，同时你稳定的能量也会传递给孩子，给孩子支持。

现在，你有没有豁然开朗的感觉？这就是区分的作用，它帮助你理清头绪，不再内耗纠结，让你育儿有定力。

·第二节·
把握教育尺度——育儿要有边界

一、区分尊重和放纵

越尊重孩子，孩子越是要和你讲条件？越尊重孩子，孩子越是挑战你的底线？越尊重孩子，孩子反而越发自私，只顾自己？我们在育儿中经常会遇到书本理论和实际操作相矛盾的情况，如果不会区分，你就难以把握育儿的尺度。

作为孩子的监护人，我们当然应该对孩子的行为进行约束，那我们怎么做到书本中提倡的，既尊重孩子又督促他去学习呢？

运用区分把握尺度

首先，我们要区分清楚两件事：

第一，尊重不等于放纵。尊重是人格层面的，你尊重的是孩子作为独立个体的情感、思想、情绪、自尊等。而放纵是行为层面的，是纵容孩子想干什么干什么，想买什么买什么，想吃什么吃什么。

第二，尊重不等于让孩子感到舒适和愉悦。尊重不一定要让孩子舒适和愉悦，相反，即使你让孩子感到不舒服、不愉悦了，也不一定代表你不尊重孩子，而很多家长把尊重孩子和取悦孩子二者混为一谈了。

此话怎讲？只要打个比方，你就会明白了：当你违规停车时，交警会来开罚单。交警不会因为你不开心就不给你开罚单，只会按照交规罚款和扣分，这不是不尊重你。可交警不能规定你违规时不能有情绪，如果他看到你有情绪了，就对你破口大骂，那么这就是不尊重你了。

其中的道理放在孩子身上也是一样的，我们作为家长，要让孩子在该玩的时候玩，该学习的时候学习。到了该学习的时间，如果孩子不想停止玩耍去学习，并因此而不高兴了，我们虽然允许孩子有情绪，也能理解他的感受，但是依然要告诉他，该学习的时候就是得学习，因为这是学生的义务和责任。这种做法就属于在尊重范畴之内的管教。可如果你因为学习时间到了时孩子对学习有情绪，就开始指责甚至打骂孩子，不允许孩子对学习有情绪，这样做就是不尊重孩子了。

当孩子有情绪时，尊重孩子的做法是，尊重孩子不想写作业的想法，尽我们所能去帮助孩子疏导一下抵触情绪，而不是一听孩子不想写作业、想玩，就批评训斥他，用权威去逼迫孩子写作业。如果作业真的多到超出孩子的能力范围，那么我们作为家长要知道适可而止，帮助孩子适当筛选一下放弃哪些作业，让孩子做有效作业，而不是机械地做题，并且拿出家长的担当去和老师沟通，做孩子的后盾。允许孩子与标准有差异，这其实也是尊重，因为你尊重孩子的人格，而没有强迫孩子去符合所谓的"标准"。

让孩子舒适轻松不叫作尊重，要求孩子做他不愿意做的事情也不是不尊重。

于其他事情上也同理。比如，如果家里有规定，孩子有专门看电视的时间，而当没到时间，孩子却偏要看电视时，你就可以平静地拒绝他，告诉他现在还不能看电视，因为时间没到。这样做是尊重孩子的，孩子也可以有情绪，我们允许孩子有情绪，允许孩子表达不满。而当你拒绝了孩子时，还不允许孩子有情绪，那就是不尊重孩子。

　　这就是书本里常说的"温柔而坚定"在实际育儿过程中的应用。如果你能带着区分，边界清晰地教育孩子，理论和实操之间就不再会有壁垒。

区分我的事和你的事

　　有的家长会把自己的事情和孩子商量，以示尊重，然而一旦孩子对父母的决定表现出不乐意，家长就开始产生受害者心态，觉得："怎么我越尊重他，他越自私，只顾自己，不懂得体谅父母？"这其实不是孩子的问题，而是家长边界的区分没有做好，没有区分清楚自己的事情和孩子的事情。

　　比如，你周末下午临时要和同事电话对接一件事情，你去和孩子商量："宝贝，妈妈待会儿要打个电话，你自己玩会儿可以吗？"你从孩子那里得到的答案百分之九十九是："不可以，你必须陪我玩！"因为越小的孩子，越难以理解为什么妈妈打电话会比陪自己玩更重要，所以这不是孩子自私，而是你没有区分清楚边界。

　　很多家长因为边界的区分没有做好，所以既没有承担起为自己的事情作出决定的责任，又期待着孩子给自己一个满意的答案，当得不到满意答案的时候，就产生了受害者心态，觉得孩子自私，觉得是孩子耽误了自己的事情。这样一来，这些家长就会一边陪伴孩子，一边抱怨孩子不懂事，而孩子面对家长边界不清晰的行为时，会更加没有安全感，因为他不清楚为什么父母在选择陪伴自己时会如此烦躁。这种不安会转化为自我攻击和自我否定，不利于孩子心智的成长。

　　工作是你的事情，你处理工作上的事不需要和孩子商量，获得孩子的同意，你只需要告诉孩子你的决定就可以了："宝贝，妈妈待会儿要打一个很重要的电话，大概30分钟，这段时间你得自己玩。"虽然孩子听到后也许会不高兴，但是他有不高兴的权利，作为家长，我们也可以理解孩子的情绪，并相信孩子可以调整好自己，这种做法是尊重孩子的。你边界清晰的做法也能让孩子从中学会调节自己的情绪，并接受父母有自己的事情需要处理的事实，这对孩子的心智成长是有益的。

让我们在育儿时做好区分。我们尊重孩子，不是说要牺牲自己，事事以孩子为重，也不是说为了让孩子感到舒适，就事事迁就孩子。我们尊重的是孩子作为独立个体的思想、情感、情绪。而父母边界清晰的行为，恰恰能够帮助孩子建立边界感，以及学会调节自己的情绪。

解决这类问题的精髓就是区分。只要做了区分，这个困扰大家的问题就会变得清晰易懂，这个育儿的尺度也就很好把握了。

二、区分接纳和溺爱

很多家长不理解接纳和溺爱孩子的区别，虽然常常看到育儿书籍里提倡"无条件接纳孩子"，但是自己就是不知道怎么做才叫"接纳"。这也是家长区分没做好的一种表现。

过去你所理解的接纳，是不是逼着自己强压住情绪，去忍受孩子让你生气的行为？或者是对孩子无论好坏对错的表现都一股脑地照单全收？因为你总是看到书本上说，要"无条件接纳孩子"，所以你接纳了，可然后该怎么做呢？当孩子做错了时，你作为家长要不要教育和引导呢？

面对这种情况，你同样需要通过做区分解决问题。只要把区分做明白，那些困扰你的问题就会云开雾散，你也就能把握育儿的边界在哪里了。

你要接纳的不是行为，而是行为背后的原因

真正的接纳，是接纳孩子行为背后的原因，而不是行为本身。这是什么意思？举个例子，比如孩子写作业时总是坐不住，你要接受的是孩子的这个行为吗？当然不是，如果你强迫自己接纳此类行为，就是自欺欺人，因为你的情绪并没有消解，而是被"接纳"这个"道理"压抑下去了，当下一次孩子坐不住时，你的情绪就会更激烈。你会觉得："我越接纳孩子，他反而越蹬鼻子上脸。"只要心里有这样的看法，你的情绪就会越来越激烈，不打骂孩子就不错了，接纳就更谈不上了。

然而，当你带着区分去看待接纳孩子的问题时，你就可以实实在在地做到接纳孩子，而不会恐慌自己会不会把接纳变成溺爱。

比如，面对孩子写作业时坐不住这个行为，你接纳的方式就是去探究孩子行为背后的原因：孩子写作业时坐不住，一是因为孩子的脊柱发育尚不完全，久坐的话会难受；二是因为孩子的大脑前额叶皮质的抑制功能尚未发育完善，所以孩子注意力集中的时间非常有限。当你带着区分，看到孩子行为背后的原因时，你就会知道孩子不是故意这样做的，念一转，你的情绪就消解了，自然就能做到接纳孩子了。再比如，当孩子说脏话时，你是要接纳孩子这样的行为吗？当然不是。孩子之所以说脏话，是因为他发现语言是有力量的，社会心理学研究表明，这是孩子社会化的必经之路，当孩子的道德意识和更高阶的语言能力发展起来以后，他就不屑于用说脏话去实现他的社会属性了。当你看到了孩子行为背后的原因时，你就会坦然地面对孩子说脏话这件事，而不会产生过激的反应。这就是接纳行为背后的原因，而

不是行为本身。

接纳和尊重一样，也是在人格层面的；而溺爱是在行为层面的，也就是无论孩子做什么，家长都照单全收。

孩子的每个行为背后都会有一种心态作为支撑。只要家长对孩子的行为带着区分的意识，就能以探索和读懂孩子的心态去深入了解孩子行为背后的原因，而不是只把注意力放在修正孩子的行为层面上。

三、区分虚假共情

很多家长会说："为什么我已经很温柔地和孩子共情了，孩子还是有情绪，不愿配合？"共情无用，大概率是走入了两个误区：第一个是很多家长的共情是带有目的性的；第二个是你根本没有真的接纳孩子的情绪。直白点来说：你的共情是虚假的共情。

什么是虚假共情

比如，当孩子因为写作业耽误玩耍的时间，开始哭闹时，家长们通常会说："我知道你很难过，也知道你不想写作业，可是学生就是要写作业呀，你坚持写完作业就可以玩了。"这样说有什么问题吗？为什么孩子不领情？我们自己带入一下这个情境：当你带了一天孩子非常累时，你对孩子爸爸说："我今天真是太累了，带孩子真的累死我了！"然后孩子爸爸就用共情的话术对你说："我知道你带孩子很累很辛苦，可是没办法呀，带孩子就是累呀，我在外面工作也一样累，大家都是这样的。坚持一下，孩子大了就好了……"你是不是不仅没有得到安慰，反而想揍他一顿？因为他说的这番看似共情的话，并没有让你感受到他真的懂了你的辛苦，真正懂的人又怎么会说出这样的话呢？你从这番话中接收到的信息是：他只是想赶紧搞定你，不要再增添麻烦而已。孩子也一样，面对你前面对他说的那些虚假的共情的话，孩子也会有同样的感受：妈妈并没有懂我，她只是想搞定我而已。

真正的共情是看见需求

让我们带着区分的意识来看：真正的共情是看见孩子情绪背后的需求，要以孩子为主体，而不是以家长为主体。

让我们再回到孩子因为写作业耽误了玩耍的时间而哭闹的情境中，哭闹这一行为反映了孩子的哪几种情绪需求？哭闹可以看作一种抱怨，反映了孩子希望自己的情绪被看见和倾听的需求，可能还表达了孩子的畏难情绪，可以看作恐惧，也就是说，孩子此时需要支持和认可。当我们看见了孩子哭闹行为背后的这些诉求以后，我们就可以真的共情到孩子了："你觉得作业有点多，担心自己不能快速完成，耽误接下来玩的时间是不是？不想写作业很正常，妈妈上学的时候也天天盼着老师忘记布置作业，你是不是也和妈妈想的一样？可惜老师的记性总是那么好，没有一天会忘记，看来我们不能把希望寄托在老师忘记布置作业上。妈妈上学的时候有一个既能让自己完成作业，又不耽误自己玩的秘诀，我没有告诉过任何一个人，这个方法就是捉迷藏法，因为题目的答案在和我玩捉迷藏，所以我要在 25 分钟之内尽可能多地把答案找出来，并且不让捣蛋鬼干扰到我，这样我就能赢得 10 分钟的自由活动时间。捣蛋鬼就是脑子里那些不想写作业的声音，因为它们不想让我赢得休息时间，所以会跑出来给我制造麻烦，当它们出来的时候，你只要大声喊'捣蛋鬼快走开'，它们就逃跑了。我们来一起试试看，妈妈负责帮你赶跑捣蛋鬼，你负责找到躲起来的答案，看看 25 分钟里你可以找到几个隐藏起来的答案！"当你带着接纳和理解说完这番话时，孩子其实可能已经摩拳擦掌地想要用捉迷藏法来完成作业了。

虽然所有孩子都知道作业是必须完成的，但是他们的注意力总是被情绪分散。家长越被孩子的情绪牵着走，想快速搞定孩子，就越是不得要领，从而让亲子双方对立起来，相互折磨。只有运用区分来给自己转念，情绪消解了，你才能真正"看见"孩子。共情就是看见孩子，只要他的需求被看见了，被理解了，他的情绪也就消解了，因为"看见"其实也是一种滋养。如果情绪消解了，理智恢复了，加上家长趣味性的引导，孩子就能很快启动起来。家长还可以在这个过程中给孩子一些正反馈，这样，孩子的信心就会越来越足。

四、区分事情和情绪

生活中发生的事情总是复杂的，一件接一件的事情往往会和情绪杂糅在一起。之所以某些事情会越处理越糟糕，就是因为事情会引发情绪，情绪又会让事情发酵，局面就会因此一步步变得越来越混乱。如果当一个事件发生时，我们无法把事情和情绪区分开，局面就必然会变得如一团乱麻。此时，无论我们是凭着情绪处理事情，还是根据事情处理情绪，最终的结果都会不理想，事情甚至会变得更复杂、更严重。

如果我们能够运用区分，把事情和情绪区分开来，那么面对混乱的局面，我们的头脑就是清醒的，这样我们就能平稳地让自己的情绪"降落"。

学会排序并分开处理

在育儿过程中，当遇到复杂的情况时，我们可以把事情和情绪区分开来分析和处理。我们首先需要把事情按从紧急到不紧急，或者从重要到不重要的顺序排序，再把情绪的激烈程度从高到低也进行排序，然后我们就可以根据这个排序和当下的情况，来选择是先处理事情，还是先处理情绪。如果选择先处理事情，那么我们就要优先处理排在第一的事情；如果选择先处理情绪，就要率先处理排在第一的情绪，后面的事情和情绪也依次按照排列顺序来处理。

例如，在我开办的公益课堂上一位家长提问：

今天早上，孩子爸爸正着急上班，孩子却把他的衣服藏了起来，因为孩子想和爸爸一起去上学。因为爸爸上班和孩子上学的时间不一样，所以他们根本没办法一起走。之后，孩子的外婆找到了孩子藏起来的衣服，孩子就生气了，说了一句脏话。孩子爸爸听到后也生气了，严厉地批评了孩子。孩子开始赌气，不吃外婆煮的饺子，就要去上学。我让孩子给外婆道歉，他虽然嘴上道歉了，但是我知道他心里根本就不认为自己做错了。这个早晨对于每个家庭成员来说都糟糕透了，我搞不懂为什么这样的情形总是在我家不断出现。

读完这段内容，你是不是感觉这个早上乱作一锅粥了？一家人出门前的短短一个小时之内就发生了那么多事情，如果这位家长不会做区分，就很难处理好这么多事情和情绪，到底应该解决哪件事情，到底应该照顾谁的情绪都不知道。

如果我们把这个情境中的事情和情绪区分开来，问题就会变得很清晰了。

在这个情境中，事情从紧急到不紧急的排序是：

（1）爸爸要出门上班并即将迟到；

（2）孩子把爸爸的衣服藏起来，外婆帮忙找到了；

（3）孩子不吃早餐要去上学；

（4）孩子骂了外婆，爸爸批评了孩子；

（5）孩子道歉。

情绪激烈程度从高到低的排序是：

（1）爸爸对即将迟到的着急；

（2）孩子因为不能和爸爸一起出门的失望；

（3）孩子延迟爸爸出门的计划被破坏的愤怒；

（4）爸爸对孩子骂外婆的愤怒；

（5）孩子被骂后的委屈；

（6）外婆和妈妈的生气和担心。

选择优先处理事情还是情绪

从以上排序中可以看出，爸爸上班即将迟到的事情很明显要优先处理，因此妈妈可以重新找件外套，让爸爸赶紧去上班，既处理了"爸爸上班即将迟到"这一眼前最紧急的事情，也处理了爸爸因为即将迟到产生的着急情绪，这样家里就少了一颗情绪炸弹。然后来到第二件要处理的事，妈妈依然需要先区分一下是先处理事情还是先处理情绪。显然，孩子因不能和爸爸一起出门而感到失望是目前家中最大的情绪炸弹，那么第二件要处理的事就是孩子的情绪。

首先，妈妈需要共情孩子失望的情绪：

"不能和爸爸一起出门，你感到很失望是不是？我很能理解你想和爸爸一起出门的心情，可今天爸爸的时间太紧了。我们一起来想想，明天有什么办法可以让你和爸爸一起出门好吗？是我们早点起床，快速吃好早餐，和爸爸一起出门，还是让爸爸等等我们，晚点出门呢？晚上你可以和爸爸商量一下。"

其次，妈妈可以带着孩子回顾事件，教会孩子正确的表达方式：

"哦！我明白了，你藏起爸爸的衣服，是想让爸爸等等你，想用这样的方式拖延他出门的时间是吗？

"嗯，这种方式不太恰当，因为你也知道爸爸急着出门，所以下次你有需求的时候，我希望你可以这样告诉我们：'我真的很希望和你一起出门，希望你可以等等我。'"

当问题解决到这一步的时候，其实后面的问题也就迎刃而解了，后面的状况甚至都不会出现。

而在这个案例中，一家人的情绪一步步发酵的原因，就是每个人都同时深陷在情绪和事情组成的风暴中，每个人都像无头苍蝇般带着情绪乱撞：要抓紧时间上班的爸爸迟迟不出门，没有时间和孩子解释不能一起出门的原因，却有时间批评孩子；该理解孩子、疏导孩子情绪的妈妈，不但看不见孩子的需求，反而逼着孩子吃早餐和从心底里认错。每个人都分不清当下该做什么，让事情影响情绪，情绪又纠缠进了事情中，于是整个家庭就陷入混乱。

事情和情绪看上去越混乱，我们越要把它们区分清楚。只有把事情和情绪分开，我们才能清晰地看到事情的脉络，整理清楚情绪的来由，最后才能处理好问题。

五、区分外在行为和内在想法

我们先看一个案例：

一天，我的同事送了一个模拟挖掘恐龙化石的玩具给孩子，孩子满心欢喜，迫不及待地打开包装玩了起来。一开始，孩子还自己安安静静地捣鼓，然而没过多久，孩子就拿起玩具的石膏体往地板上砸。

孩子爸爸看到孩子的行为，赶紧过去制止，告诉孩子要有耐心，这样砸会把地板弄坏的。孩子不但没有停止动作，反而肉眼可见地烦躁起来。这时爸爸开始埋怨孩子，说："你一点耐心都没有，不要玩了。"说着就夺过孩子手中的石膏体，孩子哇哇大哭起来。这时，我过去问孩子："你是不是想赶紧看到石膏体里埋的是什么恐龙？"孩子听到以后，哭声戛然而止，用力地点点头，于是我拿起锤子，到走廊上把石膏体砸了，取出里面的恐龙给了孩子。孩子很开心，可是孩子爸爸说我太惯着孩子，我也感到很迷茫，不知道自己做得对还是不对。

这位家长的困惑其实也是大多数家长的困惑：虽然我们明明已经看到孩子的需求了，但又总会很纠结，觉得立刻满足孩子的需求吧，又怕惯坏孩子，不满足孩子的需求吧，孩子又会很受挫。总而言之，家长总觉得自己找不准满足和不满足孩子的度。

把行为和想法分开看待

通过区分孩子的外在行为和内在的想法，家长就能把类似的问题厘清。

孩子因为认知和表达能力的局限，其行为和想法很多时候是不匹配的，家长如果不会区分孩子的行为和想法，就很容易像案例中的爸爸一样通过行为去给孩子贴标签，在孩子的行为上做文章，觉得孩子的行为需要修正。一旦家长先入为主地给孩子贴上"没耐心"的标签，就会自然而然地觉得，如果帮助孩子准确表达内心的想法和满足孩子内心的需求，就是在惯孩子。这样，矛盾和纠结的感觉也就来了。

案例中的孩子内心的想法，其实就是想要赶紧看到包在石膏体里的是什么恐龙，这个想法有什么错呢？完全没有。他只是感到很着急，又找不到准确的表达方式。他的行为和他的想法并不匹配，这个砸石膏体的行为，和他有没有耐心毫无关系。只要我们把孩子的行为和想法区分开来，帮助孩子准确表达他的想法，孩子就会马上回归正轨，继续完成他要做的事情。

引导孩子解决问题

其实，这位妈妈还可以不直接帮助孩子砸开石膏体。在孩子心里的想法被看见、情绪平静下来以后，妈妈可以引导孩子想办法自己解决问题："看来你嫌现在挖得太慢了，你去找找看有没有更称手的工具，能够快速打开石膏？"相信这个孩子一定会跑去找工具，然后回来继续挖掘他的化石。

孩子很多时候的表现，只是因想法和行为不匹配而产生的，可是家长们往往习惯了以小见大，只会通过孩子表面的行为，自以为是地给孩子贴标签，还自以为在教育孩子，培养孩子好的品格和习惯，结果往往是闹得自己和孩子情绪崩溃，而孩子没有获得任何成长。

不要被内心的固定看法阻碍

很多家长虽然明明可以看见孩子内心的想法，但是他们被潜意识信念中的看法所阻碍，就是不愿意承认孩子的想法和需求，非要伤精费神地绕个大圈圈，因为孩子的行为不符合自己的标准，所以就是不满足他的需求。

比如，虽然你明明看出孩子心里觉得要背的课文太长了，产生了畏惧情绪，觉得自己背不下来，但是当孩子因为不会准确地表达想法而把书扔在地上时，你就是非要抓着孩子的行为不放，给他扣一顶"学习态度有问题"的大帽子，对他讲一通大道理，逼着他认错，导致他该背的书没背，亲子矛盾还升级了。如果你能区分清楚孩子的外在行为和内在想法，就能正视他的内在想法，并帮他把文章拆解一下，利用图像记忆法或者记忆宫殿等高效的记忆方法背课文，事后再教会孩子如何正确地表达想法，这件事就解决了。当孩子能够正确地表达想法时，他也就不会做一些"不正确"的行为了。

带着区分看待问题，我们就能很好地把握住教育的边界，既不会因为越界而破坏孩子自己解决问题的能力，又能在家长的教育范围内去帮助和引导孩子。只有这样，我们与孩子之间的能量才是流动的，孩子才能接收到父母爱的滋养，变得平和而有力量。

· 第三节 ·
一体多面思考——育儿要有宽度

一、跳出二元对立的思维模式

案例：

我发现我一看到孩子长时间玩，就会感到不安，这种不安源于我的一个信念：如果孩子不好好写作业，不刻苦学习，成绩就会落后，成绩落后就很难追上来，只要孩子学习不好，就会遭遇痛苦甚至再无出头之日。我总是无意识地陷入这种恐惧中，即使有时候知道又是这个信念在作怪，也依然控制不住自己的情绪。我在生活中也会被这种恐惧驱使，导致不敢让自己松懈下来，状态非常拧巴。

不要觉得这位家长的想法极端，其实很多家长都受困于这样二元对立的思维模式，无法给自己转念。这和家长们读书时所经历的教育有很大的关系——因为习惯了套公式解题，习惯了有且仅有一个正确答案的考试思维，所以即使为人父母后，家长的思维依然常常固化在非此即彼、非黑即白、非好即坏的二元对立状态，于是家长们自然就会认为：如果孩子偷懒了，他就废了；如果我对孩子发脾气了，我就是个失败的家长；如果孩子成绩不理想，我就是不负责任的父母；如果孩子生病了，就是我没有照顾好他……这样二元对立的思维模式就好像让我们的心中有了一个判官，使我们的神经随时紧绷着，一刻也不能松懈。

放下二元对立的思维模式

如果以二元对立的思维模式看待孩子，我们就很容易对孩子产生敌意化投射。比如，你会觉得如果孩子不好好写作业，就是不配合你，就是故意在和你作对，他就是懒得动脑子思考……然而换到孩子的视角来看，可能他只是不知道该如何正确地表达自己的情绪，也可能他之所以"懒"，是因为对作业根本就没有头绪，不知道从哪里入手。如果以二元对立的视角看待孩子，你就会花大量的精力去证明他是错的，你是对的，执着于说服孩子，执着于让他认错，让他听话，而不是理解和支持他。二元对立的视角不但不能让孩子配合你，反而会激发他的防御机制，造成亲子之间对立内耗的局面，这样一来，亲子关系中的任何一方都无法达成理想的结果。

人性是复杂的、立体的、多面的，我们不能带着"如果不……就会……"的思维看待孩子的行为。如果我们静下心来仔细分析，就会发现自己"如果不……就会……"的想法，前后之间甚至没有任何因果关系，以这样的思维方式去给孩子下定义是非常荒谬的。

一体多面地看待问题

当你觉察到自己的脑海里出现"如果不……就会……"的声音，引发自己的担心焦虑时，就要尝试带着一体两面，甚至一体多面的思维方式来看待问题，客观地看待人性中矛盾的对立统一。比如：就算孩子不想刻苦学习了，想偷点懒，他依然是个好孩子，并不代表他就"摆烂"了；就算我想放松几天，想"躺平"几天，我依然是个上进的人，并不代表我就堕落了；就算我有时情绪爆发，对孩子说了一些难听的话，我依然是个好妈妈，并不代表我很失败……

生活不是有且仅有一个标准答案的考试，生活是没有标准答案的，育儿也没有公式可套。有两个人，就会有两套感受、两套想法、两套视角；有三个人就会有三套感受、三套想法、三套视角……学会区分自己的观点和别人的观点，并承认这些观点都是真相，就是一体多面的思维方式。就像不同机位的摄像机，由于拍摄的角度不同，它们拍摄到的画面也不同，然而它们拍摄到的都是真相，即家长眼中的真相是一个真相，孩子眼中的真相是一个真相，老师眼中的真相又是另外一个真相……只有学会带着区分去看到多重真相，我们才能对孩子放下挑剔的眼光，去理解和接纳孩子。

举个例子，当老师向你反馈孩子的纪律问题时，是从老师的视角出发，以更好地管理班级为出发点的，因此老师会以最能引起家长重视的方式去说这个问题；从孩子的视角出发，他不过是和同学在上课时交流了下观点，不是什么大不了的事，因此他会以最微不足道的方式去说这件事。这是两个不同的视角，二者之间并不是老师对、孩子错，或者孩子对、老师错这样二元对立的关系。当我们带着一体多面的思维看待这个问题时，我们面对老师就要从老师的角度出发，诚恳地表达配合老师工作的态度，让老师明白家长是重视这个问题的，让老师安心；面对孩子就要和孩子探讨，什么时候是和同学交流的恰当时机，找到解决这个问题的方案。这样，我们就能既不和老师对立起来，也不和孩子对立起来，以平和的心态来面对老师反映孩子的问题这件事：虽然老师说话有点难听，但是依然是个负责任的好老师；虽然孩子比较好动调皮，但是依然是个好孩子。

松弛感来源于宽度，当你能够区分不同视角下的真相，并带着一体多面的思维方式看待问题时，面对孩子的偏差行为和老师的反馈，也就不那么紧张焦虑了。

二、培养心理韧性比做对的事情和拥有好的感受更重要

案例：

临近期末，有位家长非常焦虑地在我开设的公益群里找我，说她刚刚得知，孩子330元一次的课后篮球课几乎有十几节都请假。虽然孩子在期中的时候就明确表示过不想上篮球课，但家长以看似鼓励、实则威胁的方式让孩子坚持上课。后来孩子因为发烧请了一个星期的假，在恢复上课以后，孩子就一直向课后班的篮球老师请假。由于每天孩子还是跟着课后班的同学一起放学，家长就以为孩子还在上篮球课。临近期末，老师和家长说了这个情况后，家长气得不行，孩子害怕被家长责骂，才委屈地说出了恐惧这类强竞技的运动，不愿意上篮球课的实话。这位家长面对这种情况，不知道该怎么办了，于是找到了我。

我想邀请大家设身处地思考一下，如果是你作为家长遇到了这样的情况，你会是什么反应？你会怎么处理？你又会带着怎样的情绪？先别急着往下看，请给自己一点思考的时间，想好以后再接着看后面的内容。

你可能已经开始从培养孩子心理韧性的角度出发来思考了：先不指责埋怨孩子，再表达理解孩子，然后疏导孩子情绪，鼓励孩子坚持，以此锻炼孩子的心理韧性。

然而，接下来的内容可能会颠覆大家的认知。

培养心理韧性不是逼着孩子坚持迎难而上，恰恰相反，孩子心理韧性的培养需要父母后退一步，给孩子一些自治的空间。父母要着重注意带着一体多面的思维，做以下两点区分：

1. 培养孩子的心理韧性比做对的事更重要

回到这个案例中来：虽然孩子做出骗老师、骗家长、撒谎、逃避这样的事情确实让家长焦虑担心，但是如果带着一体两面的思维，家长就能从这个事件中看到孩子成长的另外一面。不要把孩子骗老师、骗家长当作一件十恶不赦的事、道德品质败坏的象征，因为孩子其实是在学会自洽。

为什么呢？因为当家长逼着孩子坚持一件他既不愿意也不喜欢去做，甚至对此感到恐惧的事，而自己又无权选择退出时，撒谎请假就是他找到的一个在无力改变的事实面前，去让自己舒服一点的办法，他从中获得的能力就是自洽。虽然我并不鼓励孩子逃课撒谎，但是有了自洽的能力，孩子的心理就有了弹性，让他不容易有极端的行为。他看待问题和人生的角度就不会那么窄，因为他知道自己可以在逼仄的空间内和无权选择的情况下，找到让自己舒服一点的方式。这种做法表面上看是"摆烂"不上进，实则是孩子在为自己找喘气的孔洞。

类似的情况还有，当家长不断地指责孩子这做得不好、那做得不行时，话音未落，孩子转头却玩了起来。如果带着二元对立的思维，家长就会觉得孩子根本就没有在反思，更加生气，硬要逼迫着孩子做符合自己期待和标准的事。然而若一体两面地看待问题，家长就会知道，孩子有这样的表现，恰恰是在找一些让自己不那么害怕、不那么为难的事情做的自洽行为。

很多家长在面临这种情况的时候，第一反应就是"这孩子完了！"可请家长们设身处地想一想：你上班时难道不会开小差吗？你小时候就没有撒过一次谎吗？恰恰是做这些"见不得光"的行为，让你有了一些自我调节的空间，让你可以从压力中躲开、逃离，让自己不至于崩溃。这么做并不代表你是个差劲的人，你依然是个善良认真的人。

因此，家长们在育儿中遇到这类问题的时候，一定要带着一体多面的思维来看待。记住，培养孩子的心理韧性比让孩子做"对的事"更重要；家长不要一看到孩子的偏差行为，就迫不及待地去纠错，而要给孩子留有一些余地，给孩子一些自洽的空间，也给自己一些调整和思考的空间。家长要去相信孩子，让他从试错的经验中慢慢学会自洽，这将成为一种会在未来的人生中保护他心灵的能力。

2. 培养心理韧性比拥有好的感受重要

每次面对因为孩子遇到一些问题而焦虑不安的家长，我都会告诉他们一句话：你无须解决孩子遇到的所有问题。我也是母亲，我非常能理解当看到孩子沮丧难过的样子时，家长会非常希望用一句话就能让孩子从情绪阴霾中走出来，恢复"阳光灿烂"的状态，于是家长会急于告诉孩子解决问题的方案，或者去帮助孩子解决问题。然而，适当地让孩子在情绪里停留一会儿，反而更有利于培养孩子积极乐观的心态，更有益于培养孩子的心理韧性。

对于孩子而言，他的心理韧性越强，其抗挫力、适应力、自我调节能力等都会越强。

斯坦福大学心理学教授凯利·麦格尼格尔（Kelly McGonigal）指出，一个人心态的积极乐观程度取决于他调节压力的能力。也就是说，家长如果想要培养出积极乐观的孩子，要做的就不是快速把孩子从悲伤痛苦中拉出来，也不是遇事就冲在前面替他解决问题，而是有意识地培养孩子调节压力的能力。

然而，实际上很多家长搞反了其中的关系，对孩子的负面情绪讳莫如深。看到孩子在学校里人际关系受挫，垂头丧气地回来，就恨不得第一时间冲出去替孩子摆平这个问题；看到孩子对做作业和学习有情绪，就希望马上把孩子从情绪里拉出来，不让孩子抱怨；看到孩子因为畏难想要放弃做一件事，就希望赶紧把孩子的这个念头消除，好让他继续坚持……类似的事情家长们都没少做，可这些做法其实都是在教孩子回避情绪，而不是帮助孩子学会调节和转化压力。

我们要承认，处理情绪是伴随我们一生的课题，一个人想要过得快乐，就必须学会调节各种从小就伴随在身边的消极情绪。就像我们不能代替孩子生病一样，我们也不能代替孩子去调节和转化这些感受。当孩子有不好的感受时，我们能做的其实就和他生病时我们所做的一样，只有耐心地陪伴他、照顾他、感受他，让孩子去经历。我们可以引导孩子把自己不舒服的感受画出来，让他表达出这个感受是什么形状的、是什么颜色的，并告诉孩子，你会陪着他一起经历这些感受，一起想办法，你始终相信他会一点点好起来、走出来。

一体多面的思维，会让我们思考的角度变宽。一旦用一体多面的思维去看待事物，你就会发现，很多时候看似糟糕的事件里面是暗藏着宝藏的。

·第四节·
看目标分主次——育儿要有魄力

明确当下的方向，靠小目标

区分不仅可以帮助我们转念，消解情绪，它还可以帮助我们明确目标。明确的目标就像一个坐标，让我们在育儿过程中能以这个目标为导向来作决策。一位家长曾经这样问我：

大雪教练，虽然育儿书我也看了不少，育儿课程我也听过不少，还关注了很多有名的育儿博主，也觉得无论是书本上的方法，还是课程里的方法，包括这些育儿博主提到的方法都很好，对我很有启发，但是到了自己孩子的教育上，我就不知道该怎么办了，也运用不了这些方法，这到底是怎么回事？

很多时候，我们之所以对孩子的表现或者孩子身上发生的事情手足无措，不知道如何处理，甚至盲目跟风，就是因为在育儿中没有设立明确的目标。

打个比方，当你新买了一套房子，准备装修时，在抖音或者是小红书上看到了一条关于使用电钻的视频，你瞬间觉得："哇！这个电钻好适合我，好想要，功能好多，现在还打折，我要买……"可买电钻来干嘛？不知道。也许你根本就用不着电钻，因为你不知道你在装修的这个阶段，其实应该先刮大白，而刮大白应该准备的工具是刷子、滚筒、乳胶漆。

这就是无目标状态，像不像我们买了很多育儿书来看，甚至报课学习，或者漫无目的地看很多知名育儿博主分享时的状态？在那个状态下，我们会觉得：哇！醍醐灌顶，好有道理！对对对，这个方法好！而当我们面对自己的孩子时，就感到无从下手，什么"正面管教""温和而坚定""立规矩""共情"，这些方法通通用不上。

这是为什么？因为没有目标呀。

许多家长被网络上风行的育儿方法论误导，对它们既不做区分，也不思考，只是抱着拿来就用的心态刻舟求剑，而忽略了每个孩子都是不同的个体。双胞胎之间尚且有着不小的差异，不同家庭背景、不同教育方式下养育的孩子之间差异就更大了。适合他们家孩子的教育方式，不一定适合你们家孩子，如果在育儿中没有明确的目标，一味地生搬硬套，不做区分地抄答案，最终的结果就是，家长学得越多，越教育不好自己的孩子。

这些育儿的方法其实就像装修房子的工具，你只有明白了你要做什么，这些方法才能为你所用。就像你明明要刮大白，却拿来一把电钻，那又从何下手呢？只有你明确了目标：我要刮大白！你才能根据这个目标去选择匹配的工具，买来刷子、滚筒和乳胶漆，才用得了这些工具。

引导孩子要有明确的目标

育儿也是一样的，你只有先懂得看目标、分主次，才能探索出最适合你教育孩子的方式和方法。

那育儿的目标该如何定呢？很简单，请你问自己两个问题：

第一，我的孩子能够从发生的事件中学会什么？

第二，我的孩子能够从发生的事件中获得什么成长？

在每个事情发生的当下，都问自己这两个问题，你想清楚之后得到的答案，就是你要通过这件事情达到的小目标。

让我给大家分享一个跟着我一对一学习的妈妈的案例，她的做法非常智慧。

这位家长的孩子上二年级，每天雷打不动由爸爸陪着练琴。有一天，她在客厅听到孩子和爸爸因为练琴闹不愉快，还听见孩子哭了。她当时并没有干预，孩子练完琴出来，她也没问发生了什么，就当什么事情都没发生过。她们有一个开卧谈会的习惯，准备睡觉的时候，会聊聊每天发生的事情和自己的一些想法。那天晚上，孩子上床前拿了一张白纸，和妈妈躺在一起的时候，孩子就把那张白纸揉成一团，打开，又揉成一团，再打开，如此反复。妈妈正纳闷呢，孩子就开口了："我就是这张白纸，你们每天批评我，就像是我的手不断地揉这张白纸，这张白纸只会越来越皱，甚至破了。"妈妈猛然反应过来：好家伙，孩子这是在暗示我呢。于是，这位妈妈的脑子飞快地转起来，不断地问自己：孩子可以通过这件事学会什么？她的答案是：孩子可以学会以平和的心态面对批评。于是她起身，带着孩子来到书房，拿出孩子的彩笔和公主贴纸，对孩子说："这张白纸虽然皱了，但是我们依然可以把它装饰得很美丽，我们一起试试吧。"孩子在这张白纸上画上了好看的图案，还贴上了公主贴纸做装饰。做完这一切，妈妈才总结道："这张白纸虽然被揉皱了，但是你的装饰也让它变得更好看了。就像是爸爸妈妈对你的批评虽然可能会让你心里不舒服，但是你一旦选择修正这些让你被批评的行为，你就可以收获一个更好的自己。就像这张皱了的白纸一样，经过装饰，它变成了一件独一无二的艺术品。"孩子听完后，欣然接受了妈妈的教导，愉快地去睡觉了。

　　这位妈妈和我说，如果以她过去的习惯，当发现孩子用这样的方式暗示她的时候，她可能立即就反驳孩子了："你怎么不想想我们为什么要批评你？如果你做得好，我们怎么会批评你？"她意识到这样说只会让孩子更抗拒，并且把孩子越推越远，孩子也无法学会正确地面对别人的批评。因此，她在那个当下不断地问自己，然后在心里找答案，当确定了目标以后，她的头脑立即就清晰了起来：她要做的不是和孩子争对错，更不是和孩子开辩论会，而是朝着她的目标精准发力，从而达成目标。

　　这就是明确目标的作用，我们虽然无法预料每个当下孩子会搞出什么"幺蛾子"，但是当我们对教育孩子目标明确的时候，用什么方法教育不过是一个选择而已。无论是对孩子采用温和而坚定的教育方式，还是共情孩子，还是批评孩子一顿，它们都只是教育孩子的选择，不必拘泥于对错，也不必纠结应该不应该，只要和教育孩子的目标匹配就用，和目标不匹配就不用。这样，育儿就能变得简单纯粹起来。

以目标为导向

　　我们在育儿中要学会看目标，以目标为导向，而不是以对错、好坏、应该为导向教育孩子。

　　比如，当孩子对插座感到好奇，要拿东西去戳插座孔时，我们当下的小目标是什么？当然是保障孩子的生命安全，让他知道不能因为好奇去做危险的事情，因为这样的事情是没有机会给孩子试错的。在小目标明确以后，无论你是温柔而坚定地教育孩子，还是批评他，都不过是一个选择而已，哪种方法对达成当下的小目标最有效就选哪种。如果批评孩子可以让他意识到这是很严重的事情，让他永远记得不可以做，那么就批评他。

当孩子状态不对，无精打采的，说不想上学时，我们这个时候的小目标是什么？保障孩子的心理健康。这时，显然批评他、逼着他去上学和这时的小目标并不匹配，让孩子解开心结或者放松放松才是匹配的，哪种做法和小目标匹配，我们就选哪种。

过去，我们的育儿方式都很僵化和教条主义，只要看到一个方法好，就不管适不适合，都往自己的孩子身上套，搞得亲子关系剑拔弩张，家长两头不讨好。只要学会带着区分看问题，你就知道育儿其实是很灵活的，要达到的目标不同，相应的处理方式就不同。

再举个例子，如果老师给你发信息，说："孩子在学校和同学在走廊上打闹，还把别人的衣服给扯坏了，让他认错他也不认，让他给同学道歉，他也不道歉。"那么当孩子放学，你接他时，你会怎么办？如果你不做区分，没有目标，你就一定会掉在和孩子争论对错的陷阱里。你会问他："你们老师说你把别人的衣服给扯坏了，怎么回事？"孩子则会说："他骂我，还朝我吐口水。"你一定会说："那你也不能动手，只要动手就是你不对，你赶紧给他道歉。"孩子听到，肯定会感到很委屈："凭什么！"

下面的发展我就不说了，因为你们都经历过，无非是亲子之间纠缠内耗，各有各的理，当你急了，事情可能也是以批评孩子收场。然而，批评孩子没有用，为什么？因为你没有明确目标。批评孩子除了发泄你的情绪，让孩子更加不服气以外，起不到任何作用。

那如果目标明确呢？假如回到最初收到老师信息的时刻，你可以尝试用看目标的方式，让自己做区分，问问自己：我的孩子可以从这件事中学会什么或者获得什么成长？比如，你此时的目标是让孩子学会如何处理类似事件，那么你还会和孩子理论对错，并且逼着他去道歉吗？大概不会。反之，你会引导他去思考有什么更好的解决办法。你可能会问孩子：对于这件事你怎么看？你打算怎么解决？然后鼓励孩子去尝试解决办法，尝试后根据这个办法行得通、行不通，再带着他总结思考，直到他找到他满意的解决办法。这样，孩子就学会解决类似事件了，孩子获得了成长，你的目标也就达成了！你和孩子谁对谁错，其实一点都不重要。

每个事件发生的当下，我们要达到的小目标，明确了我们引导和教育孩子的方向。

不看目标，不分主次的教育是盲目的

育儿光是明确方向还不够，我们还需要解决问题，光懂道理不解决问题，就是纸上谈兵。接下来我们再来看第二个层面的区分——如何根据小目标来分主次。只要育儿主次明确，我们自然就知道该如何处理问题了。

前几年有位妈妈因为不让女儿睡觉上了热搜。因为睡觉时间到了，孩子却不睡，还想出去玩，和妈妈耍赖说要玩到天亮，于是妈妈说："那好吧，咱们今晚不睡觉了，玩到天亮。"孩子高兴得跳起来："好呀好呀，咱们玩一个晚上。"然后她欣喜地跟着妈妈出门了。下楼玩了一个小时左右后，孩子不想玩了，想回家，妈妈拒绝了："咱们要玩一个晚上。"孩子勉强又玩了一个小时，玩得又困又累，哭闹着想回家睡觉，妈妈还是那句话——咱们要玩一个晚上。

我还挺佩服这对母女的，她们真的熬了一个晚上，天蒙蒙亮才回家。可想而知，这一夜对这对母女来说有多么折磨和煎熬。

这件事情被发到社交媒体上后，很快就上了热搜，评论区热闹非凡，主要有两派声音：一派认为这位妈妈在虐待孩子，不应该用这样的方式变相惩罚孩子；另一派认为，家长对孩子的无理要求就应该说一不二，让孩子知道要为自己说的话负责。

你站哪边？只要你学习了区分就会知道，教育是立体的、复杂的、多元的，不能简单地用对错去衡量，这位妈妈和评论区的网友都少做了一步，这一步就是区分，没有区分的教育就是盲目的。

看目标、分主次

育儿的目标不同，矛盾的主次就不同，家长引导的方向会大相径庭，孩子从中学会的东西也完全不一样。

再回到这个案例，我们来假设一下这位妈妈的小目标：孩子能够从中学会什么或者获得什么成长？如果这位妈妈的目标是：通过体验让孩子明白，要在合适的时间做合适的事情，那么"主"就是：让孩子由这次体验，明白要在合适的时间做合适的事。而要不要让孩子真的坚持一夜，就是"次"了。

根据这个目标分出主次以后，这位妈妈可能选择的教育孩子的方法就是：孩子已经体验过睡觉时间出来玩的感觉了，知道一直玩下去也会很无聊。如果孩子真的困了，妈妈就把她带回家，让她承担一下第二天身体难受或者上学迟到的直接后果，然后带着孩子总结一下这件事的教训，和孩子头脑风暴，想一个孩子自己接受的，能按时睡觉的方法。总而言之，只要通过实践让孩子知道，要在合适的时间做合适的事情就行了。

如果这位妈妈教育的目标是：让孩子学会为自己说过的话负责任，不要信口开河，那么此时"主"是什么？让孩子说到做到；"次"是什么？让孩子知道熬夜的副作用。目标一明确，妈妈就不会纠结了，而是会真的让孩子熬一宿，每当孩子崩溃哭闹的时候，妈妈都会告诉她："这是你说过的话，说到要做到。妈妈和你一起兑现你的承诺。"孩子在熬了一宿后，就会知道说话做事要考虑后果，不能张口就来。

你会发现，如果带着区分教育孩子，无论选择哪种教育方式，孩子都是能够真正地学到东西和获得成长的，你对孩子的引导也将是清晰而明确的。

怕就怕家长一边教育孩子，一边怀疑和内心纠结。如果不根据教育的目标区分主次，家长和孩子的状态就都会是混乱的——孩子可能因为这一次经历而自我怀疑，不知道该如何表达自己的需求，家长的生活则可能受到外界声音的困扰，最后亲子双方谁都没有获益。

如何确定当下的小目标

大家要记住，在每一件事情发生的当下，先不要着急处理，而是要先问自己这两个问题：**①我的孩子可以从中学会什么？②我的孩子可以从中获得什么成长？**并想清楚答案，这个答案就是当下教育孩子的小目标。然后，大家就可以根据这个小目标去区分主次，"主"就是和小目标相匹配的行动的方向，"次"就是要放下的和目标不匹配的方法。

虽然初学这一内容会感到有点抽象，但是你在生活中一定有过看目标、分主次的经历，只是你没有在意而已。

比如，当你某天要赶去见一个很重要的人，或者要去谈一件很重要的事情时，很不凑巧堵车了，在堵车过程中，有人的车和你的车发生剐蹭了。那一瞬间，虽然你肯定非常恼火，但是你不会下车去和对方站在马路中间争吵不休。更可能发生的事是，你看见车没什么大问题就走了，因为你要去见重要的人，要去谈重要的事情。此时，你要去见的人和要去谈的事才是"主"，车的小剐蹭是"次"，这就是我们所经历过的非常典型的看目标、分主次的案例。

放到教育孩子上也是同理，比如，如果你总是因为孩子磨蹭到睡觉时间还没完成作业而大发脾气，那么你今天就可以给自己定一个小目标，先想好今天辅导孩子作业的目标是什么。比如，你的目标是不发生冲突地辅导孩子完成作业，那么不发脾气就是"主"，睡觉的时间就是"次"。当你把主次搞分明以后，"孩子必须9点钟睡觉"这个念头就无法干扰到你，哪怕快到孩子的睡觉时间了，你也知道你的目标是不和孩子发生冲突，睡觉时间问题就可以暂时放一放，超时了就超时了。过去你在无目标状态下辅导孩子写作业时，是不是越接近睡觉时间就越着急，情绪就越激动？只要你有情绪了，孩子也就不耐烦了，亲子之间闹了矛盾，反而耽误到更晚。如果你在辅导孩子写作业时有目标、主次分明，就不容易被情绪带跑。

如果今晚你的目标是让孩子高效完成作业，那么"主"是什么？快速完成作业；"次"是什么？你和孩子谁对谁错。基于这个目标，你就可以去筛选和"让孩子高效完成作业"相匹配的方法，比如用做游戏的方式引导、计时、和大人比赛等。我并不完全反对惩罚孩子，因为我接触的家长越多，就越能理解，很多家长其实已经只有惩罚这一个办法了。你虽然可以适当惩罚孩子，这也是教育的手段之一，但是如果你只会这一种方法，那么你的教育就要出大问题。

学会辩证帮助你整合出最适合的教育方式

育儿方法没有绝对的好和绝对的坏。当你目标明确，能够辩证地看待教育方法的时候，你就且去网络上搜索方法吧！如果这些方法和你的目标匹配就用，不匹配就丢掉，你会发现所有资源都能为你所用，这就是目标清晰的价值所在。

当我们学会区分以后，这些五花八门的育儿方法，都是什么？都是工具。你只需要根据目标去选择称手的工具就好了。

当你知道自己要刮大白的时候，你还会因为看到电钻好用、功能多，就选择买电钻吗？不会了，你会非常从容地选择合适的刷子、滚筒、乳胶漆。同样的，"温和而坚定"、讲原则、立规矩、做计划、计时、共情、讲道理等教育孩子的方法，都是什么？都是工具。使用工具的良好状态应是让工具为人服务，而不是让人围着工具转。

这就是我这套教育体系的价值所在，虽然网络上、书本里有铺天盖地的育儿方法论，但是我讲明白了什么是育儿中的区分。

学会区分以后，你还会发现，你可以依靠网络上的信息、书本里的知识以及线下的育儿课程，整合出一套最适合你家孩子的教育路径，像给孩子挑选衣服一样选择育儿方法。你在育儿中会变得越来越从容、淡定、松弛。

·第五节·
站高一线——育儿要有方向

有一位家长曾经问我："大雪教练，孩子作为学生，肯定是绕不开成绩和升学这个话题的。面对孩子的学业，家长很难淡定，不知不觉就会跟风"鸡娃"，我们如何在这个话题面前保持自洽，因材施教呢？"

面对孩子的学业问题，如果没有明确的教养方向，家长们就可能会陷入新一轮的盲目"鸡娃"状态中，导致家长疲惫，孩子辛苦。这个疑惑说明，大部分家长是缺乏站高一线，带着区分看育儿大方向的能力的。

那么，作为家长，我们该如何把握自己育儿的大方向呢？

事实上，对于孩子的学业，家长们只有客观分析和看待，才能跳出盲目跟风这个怪圈。

被恐惧驱使的学习

一些家长的父母，因为对教育方法缺乏了解，所以只会用暴力、威吓的方式教育自己的孩子。除此之外，他们还要求自己的孩子不能有个性，孩子只要有点小爱好都会被说成是不务正业。因为这些家长的潜意识里装着很多很多来自自己父母的恐惧，所以在他们为人父母后，这些恐惧也会被投射在他们的孩子身上。只要他们的孩子在学业上表现得稍微有一点偏差或者不适应，这些家长就会很焦虑、很害怕，因为他们不知道孩子除了一步步考试升学，还能有什么出路。他们自己完全没有靠个性、优势、天赋和热爱获得体面生活的经验，也因为儿时所受的打骂教育，认为孩子不把全部时间放在学习上，就是不务正业。他们的眼界和思维都被固化了，认为只有在学业的竞争中取胜才是孩子唯一的出路。于是，他们就这样被"不要让孩子输在起跑线上"这句话制造的焦虑带偏了。

虽然当站在迷宫里四处张望时，哪里都是墙，但是当我们站高一线，在空中俯瞰迷宫时，就会发现哪里都是路。很多时候，我们之所以对自己孩子未来的出路感到慌乱、焦虑、不知所措，其实都是因为视角太低了。

家庭教育的目标和社会、学校所追求的目标是不同的

我们再回到开头的提问上面来：这位家长是不是没有自己教育孩子的大目标呢？因为不知道教育孩子的方向在哪里，所以这位家长只能一边心疼着孩子，一边无奈地加入竞争的旋涡中。

家长们一定不要忘记，我们培养的是人，只要是人，就会有情感、个性、思想、人格。作为父母，我们的终极任务是去放大孩子与生俱来的优势，而不是让他成为流水线上标准化的"螺丝钉"。我们的孩子未来面临的是人工智能时代，现在家长们过度看重的这些应考知识，人工智能不费吹灰之力就能远远超越人类。我们难道要让孩子去和人工智能竞争计算能力吗？还是竞争记忆力？人类在人工智能时代的优势就是其独一无二的人格。

作为孩子教育的掌舵者，家长们要保持清醒的头脑，要明白，家庭教育和社会教育、学校教育所追求的目标是不同的。家庭教育的目标是什么？培养一个具备完整人格的人、一个幸福的人、一个具备独立思考能力和判断力的人、一个懂得人生意义是自我价值实现的

人……虽然这个问题在100个家庭中会有100种答案，但是毫无例外，其唯一的落脚点在哪里？是人！是充满生命力的、鲜活的、有个性和自我的人，而不是流水线上生产的产品。因此，我们作为家长要把视野打开，而不是单单关注孩子的分数和成绩。

如果你把升学当成教育孩子的唯一目标，你的视野就会变得非常狭窄，只看得到孩子的分数和成绩，变成一个唯分数论的优绩主义者。孩子成绩好了，你就觉得他是有前途的、优秀的；孩子成绩不好，你就觉得他是没有前途的、一无是处的。然而，你能说一个虽然成绩不理想，但是人际交往能力很强的孩子是一无是处的吗？答案肯定不是绝对的。孩子的学习是多元的，是多维度的，就像一片广袤的森林，而课堂上的学科知识，只是其中的一棵树木而已。紧盯着一棵树木而忽略整片森林，显然是一种非常狭隘的思维方式。孩子从多维度的学习中获得的素养，无论是思想的深度、时间的长度还是视角的广度，都不是成绩和分数可以概括得了的。

你看，因为立场不同，所以引导教育孩子的方式也是不同的。若你能够清楚地将家庭教育、社会教育、学校教育对孩子的作用区分开来，你就能够明白为什么家庭教育要以人为本，要以培养孩子的高自我认同为根基了。

以目前的发展趋势，"鸡娃"现象会在未来十年完全消失。未来具备竞争力的人才，一定是一批心理韧性很强、内在有着丰沛能量的孩子。作为家长，孩子教育的掌舵者，只要能看得长远，你就不会慌乱；只要方向明确，你就能够清醒客观地看待孩子的校内表现和成绩问题，否则就会抓狂、盲目、焦虑。

平衡个性化教育和学校教育

如果你平时细心观察，就会发现以人为本、个性化教育的趋势正在冒头。无论是你身边也好，社会上也好，让那些闪闪发光的人脱颖而出的，根本不是和别人一样的大众特质，而是属于他自己的独一无二的特质。

有街舞跳得很好的男孩因为对街舞的热爱和坚持脱颖而出，被越来越多的人看见和认识，因此获得了很多机会；有热爱画画的女孩，被家长全力支持、放大优势，作品为大家所喜爱，开个展、出周边；还有喜爱建模的孩子，在父母支持下买了 3D 打印机，将自己的作品发展成潮玩……这些因为其优势被父母的支持放大，而闯出一片属于自己的天地的孩子，在近几年不仅不是个案，还变得越来越多。社会也在鼓励和支持个性化、创新型的人才，时代的观念正在悄然发生着翻天覆地的变化。

只要带着区分、站高一线看问题的思维，你就会发现个性化教育和学校教育其实是可以平衡的。只要父母能够明确教育的大目标，就不会陷在过度竞争的怪圈里，而是可以帮助孩子成为独一无二的自己。

如何明确大目标

大目标是指作为家长，孩子的第一责任人，**我想把孩子培养成为什么的人。**

不知道读到这里的家长们，有多少人思考过这个问题？这个问题很重要，如果你还没有思考过这个问题，那么请把它作为重要的功课，静下心来认真思考，这个问题的答案就是你教育孩子的大目标。

思考这个问题时，你需要留意的是，思考一定要从孩子的人格方面出发，而不是从孩子的个人成就方面出发。这是什么意思呢？请你想一想，如果你从孩子的个人成就出发，来思考这个大目标，答案就无非是体面高薪的工作，或者考上清华、北大，考研读博这些。这样，孩子的人生就会没有宽度，你的眼界也会变得越来越窄。以此为目标，你所做的无非就是关注孩子成绩和分数，考得好了，孩子就是"人上人"，考得不好了，孩子就什么也不是了。人来世上走一遭，难道就是为了混个铁饭碗，或者还那百十来万的房贷？你一定不想让自己孩子的人生变得如此浅薄，对不对？

那么，何为人格层面的目标呢？让我给大家一些参考：比如，有的家长想让自己的孩子成为一个幸福的人，这是人格层面的目标；再比如，有的家长想让自己的孩子成为一个负责任的人、勇敢的人，这也是人格层面的目标；还有的家长说，未来是人工智能时代，人与人之间的信息差会越来越大，我希望我的孩子成为一个能够独立思考，具备独立判断能力的人，这也是人格层面的目标。到这里，大家就会发现，孩子哪怕只是具备以上例子中的任何一种人格特质，他的个人成就也会因为这些优秀的品质水到渠成。

以培养孩子的人格为方向，去确定教育的大目标，教育的格局和宽度就会不一样，孩子的人生就多了很多的可能性。因此大家要从人格方向去考虑自己培养孩子的大目标。请大家一定要认认真真地思考：我想把我的孩子培养成什么样的人？

明确了育儿大目标，对于怎么把控育儿的方向，你心里就有底了，你的心就会定下来，你就不会被外界的信息干扰，变得盲从焦虑，能真正从过度竞争的怪圈里跳脱出来。

家庭教育应该以人为本。只有以人为本，才能因材施教，也只有家长才有条件对自己的孩子做到因材施教。只有以人为本，才能真正地点燃一个人的生命力，让他的能量绽放，激活他的内驱力。

看大目标、分主次

当明确了育儿的大目标以后，我们就要根据大目标来分主次，抓大放小。世间没有完美的事，我们教育孩子也不可能面面俱到，因此我们一定要学会作区分。不作区分的教育是盲目的，甚至对孩子而言是一剂毒药。

网络是焦虑升级的源头，你看似从网上获得了大量的信息，其实其中绝大多数都是无效信息。你每天都在受到信息的轰炸，每一条信息都让你觉得问题迫在眉睫、必须处理：这个说未来就业都向理工科倾斜，孩子数学不好寸步难行，要抓数学；那个说大语文时代，孩子语文不好，数学更不会好，要抓阅读，抓写作；另外一个又说，孩子身体素质不行，什么都学不好，因此该抓体育；还有提倡抓人际关系的、抓视力的，抓身高的……乌泱泱的信息每天扑面而来，听起来都很有道理，然而你无从下手——孩子的时间就这么多，怎么规划？你做不到在育儿中什么都兼顾，如果你不懂区分主次，是不是就只能抓瞎？然后，你就把自己搞得非常焦虑，而当你陷在焦虑中时，你在育儿中情绪能平稳才怪呢。

当你明确了自己育儿的大目标，即"我想把孩子培养成什么样的人"后，你就能以这个大目标为准来分主次，你的育儿方向就会很明确。

比如，当育儿的大目标明确以孩子的人格为导向时，"主"是什么？是培养孩子健全的人格和身心健康，这是"孩子"这栋楼房的大框架；"次"是孩子的学习成绩、在校表现、老师的认可等，这些是这栋楼里的房间。想盖好房子，就得先有主体框架，谁也没听说过从每一个房间开始盖房子的，对吧？

教育孩子也一样，得有先后主次之分。那么怎么分这个先后主次呢？根据大目标来分。先来看大目标，假设我们教育孩子的大目标是把孩子培养成为一个有独立思考能力和判断力的人，那么对标现阶段他所在学校的教育和老师的反馈，什么是主、什么是次？培养孩子的独立思考能力和判断力是主，让孩子乖乖听话、服从权威是次。为什么？因为一个具有独立思考能力的人往往是不愿意乖乖听话的；一个具备独立判断能力的人，服从性往往也不会很高。我们不能在孩子小时候要求他乖乖听话，又要他在长大后具备独立思考能力，这是两个相悖的培养方向，因此我们需要根据大目标来区分主次，确定我们对孩子教育的导向，这是第一个区分。如果你能够做好这个区分，当老师因为孩子一些不符合"标准"的行为，向家长进行反馈的时候，你的情绪就不会被带偏，你会很清楚该如何引导和要求孩子，什么时候该"紧"，什么时候该"松"。

第二个区分，则是分清培养孩子心态和学科知识的先后主次。二者哪个先，哪个后？若家长的大目标是培养一个负责任的人，则必然是培养孩子的心态先。如果孩子不明白学习是自己的事情，不懂得为自己负责任，那么靠家长监督着学是走不远的。很多孩子会出问题，都是因为家长把教育的大目标搞反了，只关注孩子学科知识的学习，缺乏对孩子心态的引导，导致孩子越学习，动力越不足。

这就是大目标的作用。我们家长教育孩子，无论是在时间长度、生活空间、眼界格局方面还是在认知高度方面，和学校教育都是有区别的，因此家长要区分开来看，不要把孩子在校的表现和家庭对孩子人格的培养混为一谈。

带着区分平衡个性化教育和常规教育

这是一位之前跟着我上一对一课程的家长分享的案例，事情是这样的：

孩子因为午休时间睡不着，在课桌抽屉里玩自己的文具盒。老师发现后，把孩子的文具盒没收了。孩子放学回来后，和妈妈讲了这件事，并且问妈妈："我只是睡不着，而且我玩我的文具盒并没有影响任何人，老师却把我的文具盒没收了，我做错了吗？"这位妈妈既没有和孩子议论老师的做法是对是错，也没有以"老师是为你好"去让孩子服从，而是鼓励孩子去和老师谈谈，争取把文具盒要回来。孩子当时在读一年级，因为害怕老师而不敢去，可是又想要回心爱的文具盒，感到非常纠结。妈妈就从旁鼓励孩子："你只要和老师勇敢地表达了你的观点，妈妈就请你吃冰淇淋。如果把文具盒要回来了，你不仅有了文具盒，还可以吃冰淇淋；即使没要回来，至少也可以有冰淇淋作为安慰。"孩子第二天放学时，高高兴兴地拿着文具盒回来了，并且也得到了老师的允许，只要不打扰其他同学休息，她可以悄悄地做自己想做的事情。

这位妈妈教育的大目标就是培养具备独立思考能力和判断能力的孩子，因此她不会为孩子不符合标准的行为而感到惶恐，更没有要求孩子服从权威和乖乖听话。因为她的教育目标清晰，主次明确，所以她引导孩子的方式非常不走寻常路，也很清楚自己在干什么，更不会因担心老师的看法而内耗。孩子也因此学到了，要尊敬但不惧怕权威，敢于为自己发声。我们再把目光放长远一点，这个孩子未来在生活中大概不会在权威面前忍气吞声，不会被轻易道德绑架，也不会在混乱的信息面前人云亦云。这些品质的培养和学校老师的一点点小看法比起来，哪个对孩子人生的影响更大？

家长对孩子的教育应该是宏观的、个性化的，从价值观到心态，从为人处世到待人接物，不仅要有长度、宽度，更要有深度和高度，这些都不是凭孩子在学校表现的几个片段就能体现出来的，更不是只要学习成绩好就能自动学会的。

因此，家长们在面对老师的反馈、老师给的压力时，一定要做区分，因为这些都是基于孩子短期表现的片面的看法。虽然我没有说老师不好的意思，但是无论是他们的职责也好，精力也好，都只能负责一群孩子在某个阶段的教学和行为培养，难以从宏观的、个性化的角度为孩子考虑。因此，很多时候老师给家长的反馈其实是不全面的，老师可能只看到这个孩子上课坐不住，却看不到孩子创造力很强；只看到这个孩子顶撞老师，却看不到孩子有思辨的能力。如果我们因为老师的反馈而着急焦虑，因为老师的压力逼着孩子对知识点死记硬背，为了配合学校短期的教学目标而削足适履，就偏离了教育孩子的宏观目标，代价最终还是由我们家长自己来承担。

带着区分站高一线看问题

你只要能够根据培养孩子的大目标去区分主次，无论是面对老师的反馈，还是家属的意见，或是来自社会层面的信息轰炸，都能做到有自己的方向和主心骨，并且不再停留在事情对错的层面去看待问题，和家属也能够最快达成共识。比如家属认为，对男孩子就是要严格要求，要让他吃苦、经历坎坷，才能成长为真正的男子汉；而你认为在孩子还很依赖的父母的时候，不能过早地把孩子推出去，还是需要先给予孩子爱和安全感。夫妻双方都很有道理，如果不做区分，那么夫妻之间一定会因为育儿分歧产生很多矛盾，谁也不服谁。只要会做区分，对于这样的分歧，夫妻就非常容易达成共识了：不论事情对错，只需要看培养孩子的大目标，如果家属的育儿方式和大目标是匹配的，就用家属的方式；如果你的方式和大目标相匹配，就用你的方式。

举个例子，孩子爸爸觉得孩子的童年只有一次，要让孩子快乐，不要逼着他学习，不然以后就再也没有这样无忧无虑的时候了。孩子妈妈则认为，如果孩子学习不好，老师就会天天盯着他，同学也会瞧不起他，他哪里会快乐？公说公有理，婆说婆有理，如果夫妻双方只是站在对错的角度去相互理论，那结果必然是争得脸红脖子粗，谁也说服不了谁，然后情绪升级，开始相互攻击。而带着区分来看这些争执，就很好解决：看育儿的大目标、分清主次，如果爸爸说的和大目标相匹配，那就照爸爸说的做；如果妈妈说的和大目标相匹配，那么就按照妈妈说的做。

不过，大家不要把根据大目标来分主次搞成一种二元对立，区分不是做非此即彼的选择题，而是平衡。只要你学会了静下心来去思考育儿的大目标，就可以和家属一起探讨，一起来确定这个大目标。大目标确定了，再根据大目标分教育方式的主次，和大目标匹配的就采用，和大目标不匹配的就暂时放一放，和大目标背道而驰的就扔掉。作为父母，若懂得根据育儿的目标来区分主次，你们培养孩子的大方向也就能够逐渐清晰起来，不会轻易被外界的信息干扰，育儿时的情绪也就能保持稳定，真正做到带着滋养的能量去支持孩子成长。

第三章 育儿即愈己
自我调节实操

我们学习任何知识的终极目标都是运用，所谓"知而不行，只是未知"。通过前面两章的学习，相信大家已经对保持自己稳定内核的"心法"——觉察和区分有了全新的认识，同时育儿认知也上升了一个层次，这让我们都很兴奋。虽然这种感觉很好，但是我们距离真正的"做到"还很远。

育儿本质上是一场自我重构

其实我们为人父母，经历的每一个教育孩子的场景，都是打磨我们心性的"道场"，每一次与孩子的互动，都让我们迈上一级通往自我觉醒的阶梯。当我们能够以孩子为镜，照见自己的内在模式，通过每一件事练习如何在生活中去调整自己时，我们就不仅仅是在疗愈自己，还是在重构孩子的信念体系。

　　为了让大家能够学以致用，把这套情绪调节的"心法"实际运用起来，做到事事觉察、时时区分，保持自己稳定的内核，在这一章中，我会通过解析案例的方式，带着大家进行情绪调节三步骤的实操，教会大家觉察和区分的综合运用，并在日常的育儿过程中将其逐渐熟练内化，打破过去"学了很多育儿知识，知道了很多育儿方法，却依然无法应用起来"的困局。

· 第一节 ·
一切发生皆有利于我

案例：

我感到很为难，因为孩子想报名学校少先队委员的竞选。虽然孩子觉得自己还没准备好，状态也不好，很容易落选，但是错过这次机会，等到下次就不一定有竞选机会了。我感到很纠结：鼓励孩子吧，虽然孩子本身比较听话，肯定会去参加，但是这就背离了我希望孩子独立自主作决定的目标；不鼓励吧，又怕错过机会，让孩子后悔。其实她无论参加或不参加竞选，我都能接受，可我就是不知道怎么引导孩子才是正确的，感觉自己和孩子的能量都在纠结内耗中不断流逝。

以这位家长的困惑为例，我将带着大家运用情绪调节三步骤：叫停、觉察、区分，通过实操，帮助家长们学会综合运用觉察和区分来稳定自己的内核。

第一步，是给自己叫停，让自己不继续陷在纠结内耗的状态里。对于每个事件的发生，我们第一步要做的就是踩下情绪的刹车，给自己叫停。

第二步，觉察。首先，请你觉察当下的情绪，给自己的情绪下一个定义。在此案例中，这位家长的情绪为"纠结"。其次，请你觉察是什么看法导致了你的情绪。

这位家长的情绪是纠结，其背后的看法是：既怕鼓励孩子参加，会破坏孩子的独立自主；又怕孩子选择不参加，错过竞选机会。只要家长深入剖析内观这种看法，就会发现其中还是带着一些得失心的，因为有得失心，所以纠结的情绪就来了。这种得失心可能和孩子是否选上少先队委员无关，而是家长期待的投射。家长希望孩子可以克服自己的恐惧，勇敢且自信地去参加竞选，这对孩子也是一种锻炼；而孩子真的选择不去的话，可能就无法获得体验和锻炼，这就是得失心给这位家长带来的纠结。

觉察到位以后，我们就可以将以上内容写进自己的情绪开关表，让自己下次再被同样的潜意识信念触发情绪时有所准备。紧接着，我们就要根据这个引发纠结情绪的看法来做区分了。做区分分为两个步骤：首先要给自己转念，因为我们只有在理智和平静的状态下才能确定当下的小目标，然后根据育儿的小目标分主次。

在这个案例中，家长首先要运用区分来转念，化解掉得失心。家长要运用一体多面的思维来转念：孩子无论选择参加还是不参加竞选，她都能学到东西，获得成长。承认多重真相，用多元的思维来看待这个选择，家长的视角是不是就打开了？

如果孩子选择参加竞选，她就能学会迎难而上，学会调整自己的状态，不轻易退缩；如果孩子选择不参加竞选，那么错过何尝不是人生的课题呢？她依然能够在遗憾中学会放下，或者认识到以后要客观地考虑问题，不要凭感觉做选择。孩子无论是选择参加竞选还是不参加竞选，都是她成长中的体验，她都能获得成长和收获。家长只要相信她、支持她，把选择的权利交给孩子就好。念一转，得失心带来的纠结情绪就会消失，家长在面对这个问题时，就是清醒的、平和的。

第三步，我们家长就可以做看目标、分主次的区分，帮助自己明确方向，找到恰当的引导方法。小目标的确定，要以孩子为主体，以孩子可以获得什么成长，或者可以学会什么来确定，因此我们一定要先运用转念把自己的情绪消解干净，再定小目标，然后再根据小目标来分主次，否则这个过程就会变成以家长的目标为主体，那必然是帮不到孩子成长的。在这个案例中，当家长把得失心清理干净以后，就能看见孩子成长的点，确立的小目标就是：相信孩子，让孩子自己作选择；主次则分别是：

主：支持孩子的任何选择。

次：纠结、控制、担心的情绪。

因此，家长要带着相信孩子的信念告诉她："我相信你会认真考虑，不必立刻就作出决定，我们还有时间，你可以明早起来再告诉我你的决定，无论你作什么决定，我都站在你这边，和你共同面对。"

所谓"关心则乱"，就是因为我们太渴望成为好父母，所以在引导孩子作决定的过程中，难免会带着很多得失心。这个时候，我们的完美潜意识信念就会出现，无意识的得失心会激发我们的控制欲，让我们很容易藉由孩子来满足自己内心的渴望，从而把引导变为说服，忽略孩子的成长和体验。因此，当纠结情绪产生的时候，记得告诉自己：一切发生皆有利于我。只有让自己沉住气，看见事物的两面性，我们才能更好地支持孩子成长。

·第二节·
允许一切发生

案例:

孩子回家后对我说,老师给他的压力太大,并且有点针对他。我该怎么开导孩子?虽然我家孩子的成绩排名一直稳定在前三上下,但是班主任对他的要求很严格,觉得他这次考试本应该拿100分的,就在发试卷的时候当着全班同学的面说他退步了。而另外两个成绩和他差不多的同学这次也没有考100分,老师却没有说他们退步,孩子因此觉得不公平。虽然我告诉孩子:"每个人都会有失误的时候,这很正常,知道哪里失误之后改正就好了,在我眼里98分和100分都是很优秀的。"但是感觉孩子还是没有获得力量。于是我很纠结要不要和老师沟通:沟通吧,担心老师从此对孩子有看法,不再要求孩子了;不沟通吧,又怕给孩子造成心理负担。

我们不妨直接从觉察,也就是给这个案例中家长的情绪下一个定义开始。通过描述,我们可以感受到这位家长的情绪是:担忧和纠结。当我们的情绪有两种或者两种以上时,我们在更深层次内观的时候就需要分别去觉察每一种情绪,分别去看这些情绪背后的看法是什么了。

这些情绪分别是由什么看法引起的?①担忧:家长看到孩子沮丧,担心老师这么严厉地给孩子施加压力,会让孩子有很大的心理负担。②纠结:家长虽然想从老师这里入手,帮助孩子减轻压力,但如果和老师沟通，则担心老师从此不管孩子，不沟通则担心孩子压力过大。

我们如果仔细看的话，就可以发现这些看法中其实隐藏着一个潜意识信念，即敌意化投射。家长的看法不仅预设了孩子很脆弱，还预设了老师一定会针对孩子，这是这位家长患得患失、坐立难安的根源。因为对失控感的恐惧让这位家长想逃避孩子的情绪，所以当听到孩子说压力大的时候，这位家长的第一反应是跳过面对和承认孩子的情绪这一环节，迫切地想让孩子的压力来源消失，因此把注意力全部放在了和老师沟通的决定上。

在看到情绪的来源，以及隐藏的潜意识信念后，接下来我们就要运用区分来转念，先消解情绪，再定小目标、分主次。对于两种及两种以上的情绪，我们也要逐个分别化解。

首先，家长要化解自己对孩子的担忧：培养孩子的心理韧性，比帮他消除压力源更重要。根据描述中的情况来看，虽然老师说孩子退步会给孩子带来一定的压力，但是还远远没到造成孩子心理负担的程度，而对于孩子来说，承受适当的压力，反而有助于培养他的心理韧性。

其次，家长要化解自己的敌意化投射，区分事实和演绎。事实是：孩子考完试后，老师说孩子退步，孩子因此感到沮丧；演绎是：孩子会因此产生心理负担，甚至患上心理疾病；另一个演绎是：如果去找老师沟通，老师就会要么继续给孩子施压，要么不管孩子。因此，家长需要丢掉演绎，只聚焦于解决事实问题：①承认和看见孩子的感受，允许他沮丧，甚至可以让孩子在这种情绪中停留一会儿，让他慢慢自己消化情绪，自己走出来；②带着孩子分析丢分的原因，探讨怎么改正问题，以及下次考试要注意些什么。

这两个转念做完以后，家长基本上就可以带着平静的情绪去看目标、分主次了。

小目标：承认和疏导孩子的情绪，给予孩子来自家长的相信的能量；

主：承认孩子的情绪，给孩子一些自洽的时间，去消化压力和沮丧情绪；

次：出面解决孩子遇到的困难。

很多家长其实都有和这位家长类似的心态，就是当看到孩子难过、沮丧、受挫时，就会急于想办法去解决孩子情绪的来源，或者直接给孩子提供解决方案，回避和跳过承认孩子的情绪这一环节。为什么会这样呢？

一方面，是因为家长也无法面对和承认自己的情绪和压力，所以在面对孩子的情绪时也会选择回避，继而去解决孩子压力和情绪的来源，带着鸵鸟心态去自欺欺人，认为只要这个源头不存在了，孩子的压力和情绪也就不存在了；另一方面，可能在家长幼时的成长环境中，他们的父母也这样回避他们的情绪和压力，不正视甚至不允许他们有情绪，因此他们在为人父母以后也会下意识地觉得，孩子的情绪和压力是不好的，从而想要回避。

基于以上两方面的原因，我们作为家长，在面对孩子的压力和情绪时，就会选择绕开孩子的情绪和压力，去解决造成孩子情绪与压力的事和人。

在这个案例中，如果家长用觉察准确定义孩子的情绪的话，那么孩子的情绪应该是"不满"——对于老师只批评他，不批评另外两个同学，没有一视同仁的不满。孩子自己可能都不知道，其实他真正的诉求是希望自己的不满被看见、被承认，家长却没有正视也没有承认孩子不满的情绪，直接用道理说服了孩子。而孩子也比较懂事，觉得家长说得有道理，然而他的情绪还是没有被看见和承认，因此这些情绪可能会在其他事件发生时又跳出来。如果我们真的想减少孩子的心理负担，就不应绕开承认孩子的情绪这一环节去找老师沟通，而应看见和承认孩子的情绪："是的，妈妈看见了，你觉得被老师点名很丢脸，而同样是没拿满分，老师却只批评你，不批评另外两个同学，你觉得不公平，我明白这种感受。"

家长看见并承认孩子的情绪，给孩子心灵的滋养，远远超过解决制造压力的人。因为孩子进入社会后，会面对形形色色的人，而老师对应的恰好是"权威"的角色。如果孩子内在强大了，未来就不会惧怕权威，也能够处理与权威的关系，这才是我们可以让孩子成长的地方。

请允许一切发生，因为我们已经足够强大，有能力和勇气去面对孩子的压力和情绪，支持孩子！

·第三节·
育儿不是完成指标

案例：

我家孩子上二年级，每天早晨都会背 5 分钟单词，并在去学校的路上简单复习。孩子很喜欢听故事，只要复习完，我就会给孩子讲故事，讲完故事刚好到学校，我会愉快地和孩子告别，把孩子送进学校。过去我们每天早晨都是按这样的节奏度过，然而从 10 月开始，孩子早晨不仅提醒很多次都不起床，早读还不认真，这次更是在路上复习时发现出门前学的单词一个都没记住。我尝试引导他回忆，他却一直记不住。眼看快到学校了，故事还没讲，孩子急哭了，于是我告诉他，是因为他晚起，且早读不认真，才造成了这样的结果。然而孩子觉得自己很认真，并且要求要背完单词、听完故事再去学校，我说如果那样就会迟到，没想到孩子却说，一定要听故事，如果迟到就不去学校了。我和孩子在学校门口为必须上学这件事拉扯了几句，最后我也生气了，孩子就悻悻地上学去了。我当时确实是着急了，虽然没有发脾气，但是对孩子的态度确实比较冷淡，后来我也有认真地觉察自己：孩子晚起、没记住单词，再加上上学快要迟到，让我非常担心和焦虑，甚至慌张，没有共情到当下那个想听故事的孩子，我应该蹲下来拉着孩子的手告诉他："宝贝，你很想听故事，可是单词又一直记不住，剩下的时间又不多了，你很着急对不对？咱们之前说过，只要复习完单词就开始讲故事，因为今天的单词有点陌生，你早晨没有记住，所以抱歉今天没有故事时间了。"虽然这样孩子肯定会哭，但我应该抱着他，安慰他，重复刚才的话，等他情绪好了再去学校。

虽然这位家长无论是安排孩子的学习，还是引导孩子的方式，包括自我总结，都堪称是教科书级的，但是问题恰恰也出在这里。这是很多认真努力学习育儿知识，渴望教育好孩子的家长会轻易掉进的陷阱——照着书上的理论教育孩子，把育儿变成了完成指标。这样做的结果就是，家长会过度专注于"做对的事情"，而忽略和孩子以及自己内心感受的链接。觉察是面对自己的内心，内观自己，而不是把注意力放在如何做对的事、说对的话上面。

如果你也和这位家长一样，带着"应该""正确"的思维育儿，那么请你尝试回归自身，问自己：我当下的感受是什么？

大家可以站在这位家长的角度，去练习逐个地对情绪进行拆解和剖析。从描述中来看，这位家长的感受是：焦虑、生气。

然后请你从这位家长的角度更深入一步内观：我的情绪来源于我的什么看法？

焦虑背后的看法：孩子在家长提醒了很多次后，都没有按时起床。而且孩子不仅没有按时起床，学习单词时还不认真，这样下去怎么行呢？只要一天没坚持学习单词，就等于没有坚持，这样做是不好的，因此孩子不好；而没做到让孩子按时学单词，等于我今天的指标没达成，我也是不好的。

生气背后的看法：孩子不认真、不配合，没有达到我的预期，我很不满。因此我要求孩子必须达到我的预期，否则我就要剥夺他喜欢的东西，让他付出代价、吸取教训。因为孩子没有达到我的标准，我要让孩子知道家长生气的后果是什么，下次孩子才会乖乖听我的安排。

以上是家长情绪背后的看法，其中有一个隐藏的潜意识信念：因为家长学习了很多育儿知识，看了很多育儿书籍，太渴望把孩子教育好了，所以反而把孩子变成了让自己实践育儿知识的工具，这是很多勤奋学习育儿知识的家长容易犯的错误。

虽然这种说法可能会让我们感到有点难以接受，但是我们还是要去勇敢地看到自己内心的盲区，只有这样做，我们才能真正松弛下来，把孩子当作一个独立个体去培养，最终实现我们培养孩子的大目标。否则我们就永远会处于一种紧迫地追赶指标的状态，一刻不敢松懈，导致孩子很累，我们作为家长也很辛苦。

这位家长在潜意识里认为，自己是在帮助孩子培养好的学习习惯，因此让孩子每天早上坚持记单词这件事是对的；而在孩子有情绪的时候，按照标准化的共情话术来安慰孩子也是对的。让育儿一切按照标准答案来，一切按部就班地行动，其实满足的是家长对自己身份的理想预期：这样做说明我对孩子的教育很棒，我把孩子的学习安排得很好，因此我是个很优秀的家长。然而当事情没有按自己的预期发生，或者偏离了"教科书"的标准时，家长就会感到难以接受、生气甚至恐慌。

这种"照书养"的育儿方式，会让家长过于沉浸在"只要遵循标准化的流程，就能教育好孩子"的育儿幻想里，被追求自律的状态困住，失去和孩子的链接，忽视一个七八岁孩子真实的状态，看不到孩子的真实需求。家长每天考虑的都是如何坚持、如何不松懈、如何持之以恒地完成育儿的指标。长此以往，孩子也会被关在虚假自我的牢笼里，真的变成满足家长理想预期的"工具人"。这样的结果明显和我们育儿的大目标是不匹配的，因此，在育儿中，需要家长放下对自我价值的执念。

在觉察到这些潜意识信念以后，我们就能运用转念来打破这些困住我们的信念，让自己重新回归本心。

转念 1：做好课题分离，给孩子留一些自己自主的空间，把孩子当作独立的个体看待。他不是来满足家长心中育儿的标准的，也不是来实现家长的自我价值的，家长要接纳他低落的情绪和暂时做不到某些事的状态，因为这些也是真实的他的一部分，就像硬币的两面，有正面就有反面。育儿不是根据某种模版去做绝对正确的事情，育儿是多元的，是没有标准答案的，请家长们让自己松弛下来，允许所有事发生。我们不能指望既事事控制孩子，又获得一个能够自律自驱的孩子。

转念 2：学会一体多面地看待问题。虽然孩子状态不好，需要家长提醒才能去行动，但他依然是个好孩子；虽然我有一些计划和指标没有完成，但我依然是个很棒的家长。就像我们上班时也会偶尔开小差，而这不能说明我们是个不负责任的人。人生不是写作文，没有那么多的以小见大。开小差的是我，认真工作的也是我，它们都是真相，而人生就是具备多重真相。我们要承认，人生不是非对即错，非黑即白的选择题，有时候放过自己和孩子，反而能成就孩子。

通过以上内容，我们就能明确这个案例中家长育儿的小目标和主次：

小目标：给孩子一些自主安排的机会；

主：和孩子产生真正的情感链接，接纳孩子不好的状态；

次：让孩子完成学习计划。

如果我们从书本里标准化的育儿理论框架中跳出来看，就会发现，允许孩子"放空"一个早上并不是什么大不了的事情。孩子恰恰是一个最需要一些自主空间的群体，这样他们的思维才能得以更好地发展。七八岁的孩子在生活上需要家长提醒是再正常不过的，人都有状态好的时候，也有状态不好的时候，这才是一个活生生的人会有的状态。

只要家长顺着觉察和区分一路分析下来，育儿的小目标也就会变得清晰起来。大家要学会深入地内观和觉察自己，一个一个地破除自己在育儿中被唤起的执念。只有这样，我们才能真正长出稳定的内核。

·第四节·
生命是一场和未知握手的旅程

案例：

我的孩子刚入学，他是班级里年龄偏小的孩子，虽然对声音气味特别敏感，观察能力很强，很聪明，但是人际相处能力偏弱。在一个周六，我约了几个孩子的同学一起去公园参加观鸟活动，这也是孩子喜欢的活动。在活动中，孩子和各个同学一上午都相处友好，可中午吃饭的时候，孩子和两个女同学产生了摩擦。两个女生在看智能手表，而孩子那天没戴智能手表，可他也想和她们一起看，于是凑过去。其中一个女生不想给他看，躲闪间打到了孩子的下巴。这时孩子情绪上来了，还手打了那个女生，并且还推了另外一个女生。我赶忙把他拉到另外一边疏导，孩子情绪平复后，也承认刚才是自己情绪失控了。我事后觉察，自己有担心、自责的情绪，也感到很难堪，担心是因为孩子不善交际，要是同学们给他贴标签，他就更交不到朋友了；自责的是，活动是我组织的，不仅没有让孩子们玩得愉快，还让他们闹了矛盾；难堪是因为我不想让孩子的同学和家长看到孩子情绪失控的一面。我尝试运用区分来给自己转念，我告诉自己，孩子的年龄偏小，他有时很想跟同学们玩，却不知道怎么和他们相处，尤其是当别人暂时不想跟他玩时，因此我后面要教会他如何去表达自己。然而我感觉自己对孩子状况的理解停留在道理层面上，我依然对孩子的行为感到担心和难堪。

　　刚开始练习觉察和区分的家长，觉察的层次会比较浅，看不见自己内心深层次的潜意识信念，而在做区分转念的时候，也会无法化解深层次的潜意识信念带来的情绪，导致让转念变成用道理说服自己：虽然道理如此，但是心结还是在，就像是掉进鞋子里的石头，如果不拿出来，那么无论换什么姿势走路都硌脚。

　　因此，我们家长在练习觉察和区分时，应尝试抓住情绪的一个点进行深入觉察，看见自己深层次的潜意识信念。只有这样，转念才精准，情绪才能真正地消解，我们才能以客观的视角清醒地去设定小目标、分主次。

　　比如在这个案例里，这位家长的心结其实是"难堪"，那么，她就可以深入地探索一下自己的潜意识："我为什么会为孩子这样的表现而感到难堪？让我感到难堪的是我的什么潜意识信念？"

　　其实，这位家长觉察到的担心、自责，都是围绕着这个让自己感到难堪的潜意识信念而衍生出来的。抓住核心信念，就像拆毛衣时找到线头一样，只要"线头"一拉开，全部关于孩子人际关系的问题就都可以迎刃而解了。

　　家长希望孩子在自己主导的活动中有好的表现也好，因自己没有教育好孩子自责也好，担心孩子交不到朋友也好，这些想法其实都指向一个潜意识信念，就是家长心中对被认可的渴望。在这位家长的潜意识信念里，只有被认可，才能体现自己的价值。如果她带着觉察客观地去审视一下自己的内心，就会发现，自己费尽心思地带着孩子交朋友，是否也是把自己渴望获得认可的信念投射在了孩子的身上？"交朋友"到底是孩子自己的意愿，还是家长自己渴望获得认可的投射？

转念 1：一体多面地看待问题——即使孩子不擅长交际，我也依然是个好妈妈；即使孩子和同学发生不愉快了，他也依然是个很棒的小孩。我要带着善意来看待自己和孩子，学会接纳自己和孩子的每一面。自爱者方能为人所爱，渴望被认可的人，需要先认同自己，而不是从别人那里寻求认同。我们可以接纳多重真相，接纳搞砸的自己，接纳不完美的自己。

转念 2：做好课题分离——孩子是孩子，我是我。孩子和家长都是彼此独立的个体，家长代表不了孩子，孩子也代表不了家长。因此，别人怎么看是别人的事情，家长自己不要给自己那么大的负担。能让孩子们约在一起玩，如果他们彼此和拍就玩，不合拍就散，这是很正常的。孩子们各有各的脾气和个性，不可能做到人人都开开心心一起玩。

只有家长自己能够把渴望别人认可的心理负担放下，才能清醒客观地看待关于孩子人际交往的小目标，并朝着小目标的方向去分主次，以孩子能够从中获得什么成长，或者孩子能够学会什么为方向去支持孩子，否则，家长就又会陷入新一轮以获得认可来体现自我价值的游戏中。在这个案例中，家长可以根据以下小目标和主次来引导孩子：

小目标：带着孩子模拟交友表达；

主：用玩偶还原今天的场景，和孩子一起想出更好的表达方式；

次：陷在"难堪"这个念头里反刍负面情绪。

在我们寻找自己深层次的潜意识信念时，需要回溯自己的童年经历，去看看自己的这种价值观是从哪里来的。

这里需要说明一点：我们回溯原生家庭的经历，不是要把问题归罪于自己的父母，而是要找到我们信念体系的根源。只有看见自己潜意识信念的源头，我们才能看见由自己潜意识信念引发的情绪开关。

我们把自己的潜意识信念看得越透，转念就能做得越精准。

内心渴望获得认可的家长，会把孩子看作自己的功课，希望用自己内心渴望的方式去重新养育自己一遍。因此，家长要把注意力回归到自身，全面地关注自己、鼓励自己、认可自己、在乎自己、重视自己，不要思虑太多，让自己向内生长，向外绽放。

·第五节·
先完成，再完美

案例:

我们家孩子9岁半，女孩，她相对还是比较自律的，自己定的计划，基本能按时完成。然而有一个问题：孩子在完成计划时一味追求速度，有时有点牺牲质量。比如，她做作业的时候，如果遇到不会的题目，就凭感觉瞎蒙，老师判错后改错也不及时，因为她总是在追求尽快完成当天作业。对此，我多次提醒孩子要及时改错，可她还是老忘记。我在辅导孩子做功课的时候，觉察到自己有以下三种情绪：①生气，这种情绪来源于我觉得孩子对自己没有要求。虽然人都会犯错，但是要分情况，如果是自己不细心偷懒导致的犯错，就是不能原谅的，这是孩子学习态度的问题。②焦虑，这种情绪来源于我觉得孩子为了追求完成作业的速度而牺牲质量，是孩子的学习理念存在问题，且已经养成不好的习惯。这样下去，孩子的知识盲区会越来越多、成绩会越来越差，成绩差了，就会反过来影响她对学习的兴趣，形成恶性循环。我还认为，如果孩子在写作业时养成这种思维模式，就会扩展到做其他事情上，这样下去，孩子干什么事都会囫囵吞枣，从而不能达到卓越的水平。

我小的时候，写作业就很快，对于模糊的知识点不愿意多投入时间去钻研。我学习成绩不拔尖，而身为家长，总是自己缺什么，就想在下一代身上弥补回来，这是我把孩子当成了自己生命的延续，没有当成独立的个体的表现。我总想在孩子身上弥补自己童年的缺失，且会对孩子未来的发展过度恐慌。这种恐慌也来源于我自己的无力感。

因此，我在觉察的基础上转念：孩子这么做一定不是恶意为之，孩子既不是懒，也不是对自己没追求，她能完成自己的计划就足以证明这一点。她之所以这么做，是因为白天上了一天的课，晚上还有各种课内及兴趣班任务，即使是大人，上了一天班回家后都会累到不想再学习，何况孩子呢？一个人的精力是有限的，所以不要事事追求卓越。

我当下的小目标是：让孩子明白写作业的目的，感受提升作业正确率带来的好的体验。主：帮孩子重新梳理学习计划，把改错列入计划中。次：要求孩子立马做到按时改错，纠结于事情的对错。

以上是一位家长的自我调整笔记，其实已经做得很好了——觉察、区分，以及看目标、分主次都有，属于一篇比较完整的自我调节笔记。家长也在做笔记的过程中逐渐厘清了思路。我之所以把这篇笔记拿出来当作案例讲解，是因为其中隐含了大部分家长都存在的一个思维盲区，这个思维盲区就是绝对化思维。

绝对化思维会让家长们自然而然地认为，某些事就是天经地义地"应该这样"：学生就是应该刻苦努力学习、小孩子就是应该天真活泼、优秀的人就是应该严格要求自己……这样绝对化的思维会让家长以孩子人性中不符合这些标准的另外一面为耻，从而难以接受孩子人性中的小"瑕疵"。

比如，案例中的这位家长，其实自己也有和孩子类似的童年经历。孩子在追求完成作业速度的过程中偶尔牺牲了作业的质量，尤其是面对难题时倾向于猜测而非深入探究，做出这些所谓"偷懒"和

"投机"的行为并不是什么错事，而是人性的体现。并且，对于一个9岁的小女孩来说，能够自主制订并执行计划，已经很自律了，这是她学习自主性发展的重要体现。人不可能时时刻刻都保持着勤奋刻苦的状态，家长不断要求孩子达到无懈可击的状态，不仅会让孩子感到压力重重，也会让自己陷入无尽的疲惫与不安中。

人无千日好，花无百日红。当家长在育儿中去追求绝对化的标准时，就会难以接纳孩子人性中的这些小"瑕疵"，执着于维持孩子无懈可击的状态。然而人性是立体的、多元的、复杂的，人是不可能什么事情都做到100%卓越的，完美的状态根本就不存在。因此，孩子在学习和生活中会有敷衍的时候，会有松懈的时候，这其实是正常的，不是问题。无论家长还是孩子，都不必什么事情都做到卓越，因为人的精力有限，需要把大部分精力放在真正重要的事情上。如果抱着绝对化思维做事，我们反而会让自己一刻都不得停歇，也松弛不下来。要事事追求卓越，孩子也会很辛苦，甚至脱离父母以后，也无法真正地放松，只要稍微松懈一点，就会感到很强烈的罪恶感和不安。

因此，家长们需要给自己的绝对化潜意识信念转念：包括孩子在内，每个人都需要一些"无意义"的"发呆"时间，这样，人的大脑才会有深度思考的余地，天马行空的创造力才能被激发出来。

创造力本是孩子成长过程中拥有的最宝贵的能力之一，不仅有助于孩子大脑的发育，还能帮助孩子疏导自己的情绪。如今，许多孩子身上之所以看不到创造力，乃至总是焦虑不安、精疲力尽，就是因为我们把孩子们的时间塞得太满了。在绝对化标准的压力下成长起来的孩子，长大后也认为，人必须把自己的时间填满，而无所事事地度过一天就是罪恶。这样永动机式的生命是可怕的，所以家长要留意自己这种"绝对正确"的潜意识信念。

请家长们放过自己，也放过孩子，先完成，再完美，允许一切如其所是。有的事情做到 60 分也没有什么大问题，只有适当留白，才有更多可能性。

自我调节笔记模版

1. 事件描述（200 ~ 300 字描述清楚）：_____

_____

2. 觉察：我当下的情绪 / 感受是？_____

我的情绪 / 看法来源于我的什么看法？_____

_____

3. 区分：

（1）转念：_____

_____

（2）当下的小目标（孩子可以通过这件事获得什么成长？/ 孩子可以通过这件事学会什么？）：

_____

根据小目标分主次（和小目标匹配的为主，和小目标不匹配的是次）：

主：_____

次：_____

总　结

有这样一个寓言故事——智者问他的学生："如果一个人被箭射中，他会痛吗？如果这个人紧接着又被第二支箭射中，会不会更痛呢？"看着一脸狐疑的学生，智者接着解释说："每个人在生活中都会遇到无法预料的困难和痛苦的事，这是第一支箭，在生活中，我们无法控制射向我们的第一支箭。而是否会被第二支箭射中，取决于我们对第一支箭的处理方式以及反应，因此，对于是否会被第二支箭射中，我们是有得选的。"

情绪化育儿，就是射向我们的第二支箭。事实上，我们是可以选择是否被这第二支箭射中的。当我们运用区分消解自己的情绪、明确育儿方向的时候，这第二支箭就不会射到我们身上。

觉察和区分是一套组合拳，它们并不是独立起作用的。我们要先通过觉察看见自己的情绪和它的来源，然后才能通过区分给自己转念或明确育儿的方向。只有二者相互转换配合，我们才能保持稳定的内核，平和而清醒地育儿，而不是压抑着自己的负面情绪来教育孩子。

当然，情绪是流动的，没有绝对正面的情绪，也没有绝对负面的情绪，我们不必执着于让自己时刻保持正念，而是要接受情绪的起起落落。情绪就像天上的云朵，虽然它此刻在这里，但是它不会一直在这里，不一会儿，它可能就变幻了或者飘走了。

如果能把觉察和区分变成自己新的思维习惯，在不断地实践和练习中，养成事事觉察，时时区分的自动反应模式，那么你就能拥有一个稳定的内核。请你一定要刻意去练习觉察好区分，只要把觉察和区分做熟练，就可以帮助你解决 80% 的育儿问题。

第二部分

读懂孩子

塑造高自我认同的桥梁

第四章 认知
解码孩子的认知世界

从心理学的角度来看，教育归根结底是一个让孩子建立清晰的自我认知，以及学会理性地自我引导的过程。

无论是在解答家长们的问题时，还是在课程中，我都一直在反复和家长们强调：孩子是我们的一面镜子，我们不能只看到孩子行为上的表现，就根据自己内心的看法对孩子下判断，而是要透过行为去看见孩子的内心，看见孩子的内心也是洞见我们自己内心的那个小孩的过程。

我们现在面临的一个非常大的挑战是，大部分父母对孩子的内心世界都是不了解的。虽然我们都是从孩提时代走过来的，但是大部分家长所经历的是粗放教育的时代，因为家长们自己的父母仅仅是让孩子健康平安长大就已经用尽全力，再无精力顾及其他，所以对孩子的要求就是乖乖听话、懂事。在这种将孩子客体化的教育方式的浸染下，家长们小小年纪就被迫变得成熟懂事，使得他们即便拥有童年经历，也无法真正以孩童的视角看待问题，理解孩子的内心世界，因此在成为家长后，依然延续着那种以父母为主体的教育思维。另外，成年人能够认识自己已经实属不易，相信在学习了自我觉察以后，各位家长都有这样的体验，而要全面了解孩子的内心世界，并在此基础上给予引导就更加困难了。

不了解孩子的认知特点导致育儿困难重重

这种对教育和孩子相关知识的缺乏，导致很多家长在面对孩子教育问题的时候，采用的要么是训练小猫小狗的方式，丝毫不顾及孩子的人格、情感和思想；要么是以自己为主体，"我不要你以为，我要我以为"的打压式教育。这类家长不是利用简单粗暴的奖惩制度教育孩子，就是给孩子贴标签，以自己的主观视角来给孩子下判断，打着教育的名义教训孩子，既不把孩子当作一个独立的个体来尊重，也不愿意花心思去洞见他们的内在需求，最终的结果就是亲子关系问题重重——家长越管，孩子的表现越糟糕；家长越教，孩子的自我认同越低。

因此，让家长们了解一些儿童认知发展规律是很有必要的。在这一章，我将会解析儿童认知特点，带着大家去了解孩子的心灵世界。只有我们对孩子有全面的了解，才能真正读懂孩子的需求，才能更好地助力孩子的成长，为培养孩子的高自我认同搭建起桥梁。

·第一节·
不是孩子不听话，而是自我意识开始觉醒
——3 ~ 12 岁心智成长密码

一、2 ~ 3 岁左右，自我意识萌芽

在 2 ~ 3 岁左右这个阶段，孩子的自我意识开始萌芽，生平第一次有了"我"的概念，能够清楚地区分"你""我""他"，"你的""我的""他的"这些概念，开始产生归属权的意识，并发展出自己的好恶。因此，两三岁的孩子会堵住滑梯的入口高声喊着："这是我的滑梯"，不允许别的小朋友玩；只把自己的玩具给喜欢的小朋友玩；只要妈妈陪，只让妈妈属于自己，这不是自私，也不是小气，更不是折腾妈妈，而是自我意识开始萌芽的表现。与此同时，在他们的心中，边界意识也开始出现。

很多不了解孩子这个阶段身心发展规律的家长，会无意识地侵犯孩子的边界，做出很多破坏孩子自我意识的事情，影响孩子认知的发展。

披着照顾外衣的控制欲破坏孩子的自我意识

案例：

三年前有位家长找到我，说孩子去幼儿园时怎么都不肯进教室，问我该怎么办。原来，这个孩子在 2 岁左右的时候会习惯性地憋大便，家长认为是孩子贪玩故意为之，觉得这是一个很不好的习惯，于是开始强制干预—— 一天当中，只要孩子没解大便，家长就会不断

地让孩子去上厕所，如果到傍晚，这个孩子还没有解大便，家长就会坐立难安，甚至会强制孩子坐在小马桶上。在家长的强制干预下，孩子虽然不再憋大便，但是新的问题出现了：孩子去上幼儿园时怎么都不肯进教室，一问才知道，孩子害怕拉在裤子里。老师家长齐上阵地劝，然而孩子还是怎么都不肯进教室，幼儿园老师没办法，只好让家长先把孩子领回家。

现代儿童心理学证实，有的孩子会通过憋大便来获得对自己身体的掌控感。这种对自己身体的掌控感，是孩子认知发展过程中非常重要的体验。而这位家长用自己对孩子无微不至的关心和照顾，把孩子的这种重要体验给破坏了，导致孩子不清楚自己到底想不想大便，也不清楚如果真的有便意的话，自己是否可以自己控制住。因为孩子经常处于对失控的恐慌中，所以才会恐惧离开有马桶的环境，恐惧进教室。

这就是家长披着照顾外衣的控制欲，它其实是一种对孩子边界的侵犯。它会破坏孩子的自我意识，使家长好心办坏事。

吃饭问题和穿衣问题，是大部分家庭中家长破坏孩子自我意识的重灾区。有的家长因为怕孩子吃不饱，所以追着孩子喂饭，孩子想吃多少，饱还是不饱，他自己说了不算，只要家长觉得孩子不饱，就要想尽办法给孩子强制塞两口饭。同样，因为家长怕孩子着凉，所以冷热孩子自己说了不算，只要家长觉得孩子冷，哪怕孩子已经满头大汗，家长也得让孩子把外套穿上。

孩子在年纪这么小的时候，是反抗不过大人的，于是在照顾者无边界的控制欲中，孩子就会逐渐放弃自我意识的发展。

家长自我主体式的干预破坏孩子的自我意识

无边界感也是孩子自我意识被破坏的另外一种表现。

很多进入幼儿园或者小学后表现出"手欠"的孩子，其实就是在他们自我意识萌芽的阶段，其自我意识被家长自我主体式的干预破坏了，导致他们认知发展受限，无法识别自己的行为是否会让对方不开心，也无法识别自己的行为是否会冒犯到别人，从而很容易引发人际关系的冲突。

我们经常会看到，当孩子手里拿着零食时，就会有大人逗孩子说："给我吃一口好不好？"如果孩子不给，他们就会说："你好小气呀，不给就不是好宝宝，不给就不喜欢你了！"强行逼迫孩子分享，而当孩子分享时，他们又会说："我是逗你玩呢，你吃吧你吃吧。"这就是一种很典型的以成人为主体，忽略孩子自我意识的教养方式。这种做法看似是在和孩子开玩笑，其实根本没有尊重孩子的自我意识，由此，便会导致孩子边界混乱，自我意识的发展被破坏。

另外，过度"护崽"也是一种成人以自己为主体，破坏孩子自我意识的行为，同样会造成孩子无法正常建立边界感。比如，当孩子抢了别人的东西时，家长不但不告诉孩子："别人不同意，你要把东西还给别人。"反倒和对方说："他年纪小，你让让他，他玩会儿就还你。"家长这种越界的行为会让孩子无法直面侵犯别人权利带来的冲突，也就让孩子无法发展出尊重别人边界的意识。

我们在高铁、飞机、博物馆等公共场合遇到的"熊孩子"，其实都是自我意识被家长错误的教养方式破坏、边界感没有发展出来的孩子。他们由于不知道自己和别人交往的边界在哪里，内心其实是非常惶恐的。他们就像置身于一个透明的迷宫里，既看不见墙在哪里，也不知道什么时候会撞上墙壁，更不知道自己会在哪里跌倒，因此需要制造很大的动静来引起父母和周围人的注意。而有边界感的孩子其实是更有安全感的，因此他们会在公共场合表现得比较平静，因为他们明白什么可以做、什么不可以做。他们就像身处一个无形的房间中，很清楚墙在哪里，自己的行动范围在哪里，既不会撞到墙上伤到自己，也不会突破自己的行动范围去侵犯别人。

在尊重中建立边界

只有成年人不越界，尊重孩子的自我意识，孩子的边界意识才会逐渐发展起来，并慢慢成型。

孩子是在以自我为主体，在适当的自主中、在人际关系的冲突中，通过不断地感知和试探，逐渐建立起自己的边界意识，以及对别人边界的意识的。比如，当孩子的冷暖饥饱他自己可以说了算时，他的自主感就会发展出来，逐渐形成他内在的自我驱动力。又比如，当孩子不愿分享，而家长尊重他的意愿时，他就会知道自己的边界：当我不愿意做某事的时候，我可以说不，当我说不的时候，别人也会尊重我。当他去突破别人的边界，抢其他小朋友的东西时，对方不同意，或者哇哇大哭，他也能够知道当自己侵犯了别人的边界时，别人的反应是什么样的，从而明白别人说"不"的方式，并学会尊重对方。

孩子只有先认识到"我"的存在，并且能够区分出自己和他人的不同，才能进一步认识到自己与他人之间的界限。这种界限意识的形成，正是孩子边界感建立的基础。

边界感的建立又会有助于孩子自我意识的完善，他们会更加明确自己的喜好、需求和权利，并学会尊重自己和他人的边界、喜好、需求和权利。这个过程不仅有助于孩子形成独立的个性，还能增强他们的同理心和换位思考能力，从而进一步增强他们的自我意识。

二、5～8岁，自我意识觉醒

从两三岁自我意识萌芽开始，孩子的自我意识会一直发展。来到五六岁这个阶段时，孩子的自我意识就会从萌芽状态开始觉醒，你会很明显地感觉到处于这个年龄段的孩子不如前面那个阶段听话可爱了，俗话说的孩子"狗都嫌"的阶段，指的就是这个阶段。

这个时候，家长对孩子最大的感受就是：孩子越来越不听话了，没有之前那么"乖"了，家长说东，孩子偏要往西，又倔强不听劝。如果家长强行去控制孩子，孩子就会撒泼耍赖，其难管程度甚至让很多家长怀疑孩子是不是到了"叛逆期"。当然，这些行为并不是所谓的"叛逆期"导致的，而是孩子的自我意识开始觉醒的表现。

这个阶段的孩子，脑子里会有很多自己的想法，渴望按照自己的意愿去实践它们，渴望独立去完成一些事情。这种心理机制对孩子的成长非常关键，它是孩子自驱力的初始状态，也就是自主感。随着孩子的自我意识觉醒，自主感被激活，他们不会再对父母言听计从，且会开始频繁地说"不要""不行""不好""为什么""凭什么"，强烈渴望按照自己的意愿行事。

事事包办代替破坏孩子的自主感

这个阶段的孩子恰好处于幼小衔接的年龄，也是孩子适应小学学习的关键阶段。如果家长为了避免孩子犯错，担心孩子做不好、做不到、不会做，心疼孩子，给孩子细致入微的照顾，不给他历练的空间，孩子刚刚萌发的自主感就会渐渐枯萎，最后就会习惯于理所当然地躲在父母的羽翼下，让父母庇护，导致家长为照顾孩子疲于奔命，而孩子迟迟不能独立。造成这种局面的原因，一方面是家长们有着不愿放手的心态，不相信自己的孩子可以独立做事，另一方面则是家长太怕孩子犯错。

强迫控制让孩子失去内驱力

由于社会经验的不足和认知的局限，这个阶段孩子做的事情和决定，常常会让家长觉得异想天开，甚至带着一定的危险性，于是很多家长会因为担心或看不下去孩子的想法的行为而控制孩子，强迫孩子听话和服从。然而，在这个阶段，家长如果强势地去控制孩子，甚至用暴力让孩子屈服，反而会破坏孩子的内驱力。

比如，当孩子提出想要出去骑自行车，而外面马上就要下雨时，很多家长通常会下意识地对孩子说："不要去了，要下雨了。"孩子很可能会因此开始闹腾："为什么不让我去？我就要去！"即使家长耐着性子对孩子解释："你看，乌云黑压压的，很快就要下雨了，不能去了。"孩子也迫切地想执行他的大脑认为可行的想法。由于在经验和认知方面的局限，孩子并不知道家长说的"要下雨"是指具体什么时候会下雨，从而开启"无理取闹"模式。这个时候家长的情绪很容易就会被点燃，觉得孩子不听话、不懂事、胡搅蛮缠，然后用情绪或者暴力强行阻止他。而孩子并不能从家长的情绪和暴力中获得任何关于判断做一件事是否合适的经验，他只会觉得他无法实现他头脑里的预想，慢慢地，他的内驱力就会减弱，最终对做任何事情都没有兴趣和动力。

孩子需要在体验中学习

其实如果我们换个角度来看"孩子非要在下雨前去骑自行车"这件事，就会发现："快下雨了，孩子骑不了几分钟自行车，就又得回来"，这是我们作为家长的判断。而我们之所以能够对一件事情有预见性，能够相对准确地作预判，凭借的也是通过大量的实践得来的经验。我们不能因为自己已经有了足够的经验，而忽略了孩子需要积累经验的过程。其实，孩子不太需要你直接告诉他答案，而是需要自己通过实践和试错去积累属于自己的经验。他这次在雨天去骑自行车，无论是被大雨淋成落汤鸡，还是机敏地找到一个避雨地，都是属于他的经历。这些实实在在的经历，会组成他独立判断一件事情可行或者不可行的经验，让他能从中学习和总结，从而形成属于他的人生经验。类似的体验越多，孩子预判和分析事情的能力就越强，靠自己的情绪和喜好作决定的次数就会大幅减少。这样，孩子不但内驱力不会被破坏，还能成长得越来越理性。

因此，面对这个阶段孩子总说"不要""不行""不好"，拒不服从家长安排的情况，在安全范围内，家长不如给孩子一些试错的机会，让孩子在实践中去习得一些经验，或者给孩子一个表达的机会，让孩子说说自己的理由——不想选 A，想选 B，你的理由是什么？如果孩子说的有道理，那么家长也可以按照孩子说的办，这样既不会破坏孩子的自主感，还能让孩子积累独立判断的经验，激发他的内驱力；此外，家长还可以通过与孩子共同制定规则、参与决策等方式，培养孩子的自主性和责任感。在这个过程中，家长要耐心倾听孩子的想法和感受，尊重他们的独立需求，避免过度干涉和包办代替，让孩子的自我意识得以健康发展。

三、11 ～ 12 岁，自我意识进一步觉醒

从孩子五六岁自我意识觉醒开始，他们的自我意识就会不断地发

展。到十一二岁这个阶段，孩子开始进入青春期，他们的自我意识和自主意志会呈爆发式增长，为未来脱离父母、社会化做准备，为将来的"离巢"做心理建设。他们就像鸟巢里羽翼渐丰、扑腾着翅膀试飞的小鸟，开始对离巢跃跃欲试，然而无论生存技能还是社会经验都尚且稚嫩。因此，在这个阶段，父母不再是孩子生活的全部，孩子对父母的依赖也在逐渐减少，不过他们依然需要父母。作为父母，你会发现，只要这个年龄的孩子不愿意做某事，你就无法强迫他去做，而因为前期教养不当埋下的"地雷"，也会在这个阶段集中爆发，这就是我们耳熟能详的"叛逆期"。面对这个阶段的孩子，父母更多要做的是一个支持者和顾问，多多给孩子支持，少唠叨说教，尊重他们独立的需求，把选择权交还给孩子。

没有好的关系就没有好的教育

孩子不好管、父母教不好，双方都痛苦不堪的原因，不是父母缺乏教育孩子的技巧，而是父母忽略了教育中非常重要的一点——亲子关系。

亲子关系是这个阶段教育的重头戏：如果孩子不信任家长，甚至对家长抱有敌对态度，那么家长是很难教育得了孩子的。这也从侧面印证了，只有孩子允许，我们才能教育得了孩子。在孩子年纪尚小时，我们对孩子情绪化也好，体罚也好，其实都是孩子因为幼小无力而不得不允许的，否则我们作为家长是根本无法教育孩子的。

你作为家长和孩子的关系，就像是银行账户上的存款，你想让孩子配合你，听你话的时候，就像是从账户中取款。如果你们关系融洽、彼此信任等级高，"存款"余额就多，你取的时候就会很顺畅，孩子也乐于配合、积极性高，亲子和睦；而如果你们关系紧张，相互折磨，"存款"余额就少，甚至是负债，你就取不出款，甚至要透支，于是孩子就会要赖哭闹、讲条件，亲子关系剑拔弩张。

很多问题看似是孩子行为上的问题，其实是亲子关系的问题。你可以去回想一下：当你和孩子相处融洽愉悦，你打心底里欣赏孩子时，是不是你让孩子干什么他都乐于协助，无论是配合度还是任务完成度都很高？而当你对他厌烦挑剔时，他是不是要么磨磨蹭蹭地软抵抗，要么撒泼耍赖地硬抵抗，说什么都听不进去？因此，没有好的亲子关系，就谈不上好的教育。

只提供建议，把选择权交还给孩子

父母是父母，孩子是孩子，你作为父母，和孩子的关系是彼此独立的个体。

只有家长尊重孩子的想法，愿意相信孩子，给孩子试错的机会，孩子的主观能动性才能得以生长和确立。

如果孩子在亲子关系里体验不到尊重和信任，没有自主权，那么到这个阶段，孩子就势必是要反抗家长的。孩子反抗家长的外在行为表现，不就是家长越不让他干什么，他就越是要干什么吗？不要指望孩子主动结束这场对抗，因为在自我意识的进一步觉醒的阶段，他正在试图夺回自主权。我们作为成年人，这时就要后退一步，逐渐放权。比如，我们可以列一个清单，上面写着可以完全交给孩子自己作决定和负责任的事情。只要是在这个清单上的事情，父母就不再干涉和过问了，无论结果是好是坏，都由孩子自己负责，比如每个月给孩子的零花钱该怎么花、穿什么衣服、读什么书、学习完的自由时间做什么等。只要是列在这个清单上的事情，父母就不再过问和干涉，给孩子充分的信任和自主的权力。当尊重和自主权回到孩子手上的时候，他也就没有必要和父母对抗了。这样，"亲子银行"就不再会因为对孩子自主权的争夺而负债累累了。

面对这个阶段的孩子，家长更需要保持稳定的内核，谨慎且明智地处理与孩子的关系；尊重孩子的独立需求，把选择权交还给孩子；在涉及孩子的学习、生活、兴趣等方面的事情上，要给予孩子充分的自主权和决策权。同时，家长要以支持者和顾问的角色，在孩子遇到困难和挫折时，给予他们鼓励和支持；在孩子作出决策和选择时，尊重和支持他们的决策，避免过度干涉和替代孩子的成长过程。

作为家长，我们只有明白孩子每个阶段的心智发展规律，才能顺势而为地教育好孩子，而不是想当然地好心办坏事。

·第二节·
不是孩子故意和你作对，而是认知发展局限
——儿童对情境的认知并不基于客观事实

儿童对情境的认识并不基于客观事实。这是阿尔弗雷德·阿德勒（Alfred Adler）在《儿童教育心理学》中提出的观点，这个理论的提出颠覆了很多学者对儿童教育的认知，不仅修正了儿童教育的方向，也打开了一扇让父母可以洞见孩子行为动机的大门，让成年人真正地以孩子的视角来解读孩子的认知和行为——孩子的认知和成年人大有不同。

一、以主观感受来解读情境

阿德勒强调：孩子在认识和理解生活中的某个情境时，因为受到自身心理发展水平和认知能力的限制，其思维方式和成年人是完全不同的，他们往往会以自己的主观感受和经验为基础来解读和适应环境。这种认知的主观性导致孩子对情境的认识可能并不完全基于客观事实。

简而言之，就是 3 ~ 12 岁这个年龄段的孩子，基本上所有的选择都是根据自己的喜好、兴趣、感受来作的。对于一个孩子来说，一件事情，如果他高兴了，他就愿意做、愿意配合，如果他不高兴了，那么哪怕是对他有益的事情，他也不愿意做。这就是即使家长好好给孩子讲道理，孩子也听不进去的原因：他们看待问题的视角根本不以

客观事实为依据。随着逻辑思维的发展、认知的提升、社会经验的丰富，孩子就会慢慢开始学会尊重客观事实，以客观事实为依据来作判断和决策了。这就是我们觉得孩子年龄越大越明事理、越容易沟通，年龄越小越不讲道理、越难沟通的原因所在。

这在孩子身上最典型的表现就是，如果孩子在学校和同学发生冲突，或者被老师批评，就闹着不想上学了。孩子产生不好的感受后，因为经验和认知有限，会完全凭自己的感受来作决定。如果这个感受让他不舒服，不喜欢，而不去学校这个感受就会消失，他就会作出不上学这个决定。这并不是孩子真的厌学了，而是孩子从自身的认知逻辑认为，只要这样做，问题就解决了。

因此，基于孩子的认知发展规律，家长们不要执着于给孩子讲道理，而是要遵循孩子认知方式的特点，用他们接受的方式去引导他们配合。

用兴趣引导配合

比如，对于孩子从学校回来后，说不想上学这件事，我们作为家长，只需要帮助孩子把注意力转移到让他感受好的事物上就可以化解了。比如，我们可以放大他喜欢的老师对他的鼓励和期待，让他对自己有信心，然后和孩子头脑风暴，想一想下次遇到类似情况该如何应对。

再比如，如果孩子抗拒做口算题，即使家长对他说："计算是学习数学的基本功，只要你把计算练扎实了，后面你学数学就很轻松。"孩子也听不进去，更不会去行动，因为他的选择全部都是根据自己喜欢不喜欢，让自己舒服不舒服来做的："因为我就是不喜欢做口算题，所以我不要做。"家长越执着于摆事实、讲道理，孩子就越抵触。面对这样的情形，你的情绪很可能会爆发。由于不了解孩子的认知模式和看待问题的方式，你会觉得是孩子故意和你作对，得让他服从你的安排，于是就会采取威胁打骂的手段来强迫孩子服从。

当我们知道孩子的认知特点时，我们就能巧妙地利用孩子的这一特点来做有效引导：当孩子因为不喜欢、不愿意做某件事而拒绝完成学习任务时，家长就可以用游戏力的方式去调动他的兴趣，孩子的兴趣在哪里，配合度就在哪里。你可以以游戏力的方式告诉孩子："每一列口算就是一列小火车，你是列车员，你要负责快速把数字乘客安排到正确的座位上。"孩子的兴趣被调动起来之后，很快就能配合完成任务。

还有，有的孩子学写字的时候，非要写得和课本印刷体一样，如果写不了那么好，就会发脾气，家长怎么劝都没用。这也是孩子忽略自身能力还暂时不足的这个客观事实，而以自己的主观意愿来认识情境的表现。我们作为家长，不必告诉孩子"现在写不好字很正常，慢慢练习就会进步"这样的道理，因为虽然这是事实，但是不在孩子的认知范围内。我们可以以游戏力的引导方式告诉孩子："写不好的字，是你新认识的朋友，因为这个汉字朋友有点害羞，所以它看起来不规整，只要你多多和它玩耍，它就不害羞了，就看起来比较规整了。"这样的引导方式会让孩子更容易接受自己暂时做不到某件事的事实。

当我们了解了孩子认知的特点以后，就可以运用符合孩子这个阶段认知思维特点的引导方式展开教育。这个引导方式就是游戏力的引导方式，家长运用好这个方式，就可以很快帮助孩子调整情绪，完成任务（具体的游戏力引导方式介绍见本节末尾）。

二、以自我情感解读情境

影响着孩子对情境的认知和解读的，除了主观感受，还有孩子的情感和情绪。孩子的情绪状态、家庭关系、同伴交往等因素都可能影响他们对情境的理解和反应，这些因素可能使孩子对情境的认识产生偏差，让他们的认知与客观事实有所出入。

案例：

网络上曾有一个热点话题："小时候没有一顿打是白挨的"，这个话题引发了很多人的共鸣。里面有一个让人忍俊不禁的案例：一位博主说，他曾经很介怀父母在他小时候狠狠揍了他的事情，这件事让他一直记恨到成年。为了打开这个心结，考上大学后，他鼓起勇气质问父母为什么要揍他，没想到，父母还原的事件真相是：他把摆在别人家灵堂的花圈偷回家，把上面的纸花拆下来，在自己的床上摆了一圈，自己在中间躺得平平整整。父母回家后看见了这一幕，气得把他从睡梦中打醒。

这个案例其实就是一个非常典型的例证：孩子的情感和情绪会影响他对情境的认知，从而导致他对客观事实的认知产生偏差。一方面，还是孩子的博主在看到新鲜的事物时，只觉得好玩，完全被兴奋的情绪牵引，注意力只停留在从来没有见过的花圈上，而完全忽略掉了周围的环境是个灵堂，更无法看到花圈是用在逝者身上的这一事实；另一方面，儿时的博主只看到了自己在睡梦中被打醒时的情绪，而没有看到为什么挨打这一事实。从睡梦中被打醒的惊恐情绪，让孩子掉在情绪的井底，无法看到客观事实的全貌，只以自己的情绪和情感为依据看待事物，于是他的认知就出现了偏差，这个认知偏差就一直以片面的方式存在于他的记忆中。

举这个极端的案例，是为了帮助大家理解孩子的认知偏差这个概念。在我们的日常生活中，孩子这样的认知偏差是如何体现的呢？

有的孩子会为了避免遭到责骂而对家长隐瞒很严重的事实，他们其实并不是故意避重就轻，而是作为孩子，他们第一时间关注到的就是情绪和情感，因此会自动忽略事实的严重性。比如，很多孩子在玩耍中，会在不小心弄伤小伙伴后选择隐瞒，甚至假装无事发生，这不是因为孩子品行有问题，而是因为他们深陷在恐惧的情绪中，导致对事实的判断形成了认知偏差。

案例：

几年前，有位家长带着孩子来找我。这位家长担心得不行，因为自家孩子在和小伙伴捡废弃的酒瓶玩时，不小心把对方的手指割破了，两个孩子沿路捡别人丢弃的卫生纸来止血。最后孩子发现无法止住小朋友手指伤口的血，于是害怕得逃走了，而那个受伤的孩子回家后也因为害怕被父母骂，依然选择把伤口隐藏起来，直到父母发现他衣服上的血迹，才知道孩子受伤了。当父母带孩子去医院处理伤口时，距离孩子受伤已经过去了整整四个小时，大大加重了感染的风险。最后对方父母找到家里来，这位家长才得知自己的孩子闯了祸。家长听完后，心凉了半截，觉得自己的孩子是不是心理或者智商有问题。

其实，孩子既不是心理有问题，也不是智商有问题。案例中的两个孩子都被恐惧的情绪蒙蔽了双眼，从而产生了认知偏差，让他们看不见"伤口没有得到及时处理造成感染"的后果，远远比被父母骂一顿严重得多这个事实。

有的孩子会捡掉在地上的零食吃也是出于同样的原因。虽然明明家长已经说过很多次，掉在地上的食物要扔掉，不能吃，但是孩子就是会忍不住捡起来吃，就是因为想吃这口食物的情绪，让他们产生了认知偏差，忽略吃掉在地上的东西会影响健康这一事实。

还有的孩子在交朋友时会刻意讨好朋友，尤其是这个朋友性格比较强势霸道时。家长看在眼里，会觉得这并不是真正的友谊，想让孩子远离对方，去交新的朋友，但是孩子不但不离开，反而把好吃的、好玩的都拿给对方分享。这时，家长往往会对孩子的软弱感到生气，甚至担心孩子是不是讨好型人格。其实这种情况之所以发生，也是因为孩子对朋友的情感，让他们产生了认知偏差，忽略了对方并不友好的事实。

引导复述帮助孩子认清事实

我之所以一直强调，父母用情绪教育孩子，或者执着于让孩子认错，并不能真正地让孩子修正行为，就是因为孩子们记下的几乎都是情绪和情感，再加上社会经验有限，导致他们的认知偏差会让他们忽略客观事实。

面对这样的状况，我们一方面需要耐心地等待孩子大脑的认知能力发展成熟，随着认知的发展，孩子看待问题的视角会越来越全面；另一方面，我们也可以通过引导孩子复述事件，来了解事实的全貌。

如何引导孩子复述事件？

首先，你要承认孩子的情绪和情感，让孩子知道你是在非常认真地聆听他和关注他的。

其次，请你引导孩子尽可能完整地复述整个事件。这个谈话不必很正式，可以在亲子一起散步、搭积木、喝饮料的时候来做。特别需要留意的是，家长是在引导孩子复述，而不是帮他复述。孩子需要的是厘清事情的经过，而不是让家长告诉他应该怎样做。其实孩子在复述的时候，他大脑的逻辑思维就会开始发生作用，会帮助他整理思路。只有孩子厘清了事情的经过，他才能明确地知道事情的全貌，明白到底发生了什么，去理解客观事实，慢慢地就不再会被情感和情绪带来的认知局限蒙蔽双眼了。

三、以自我需求和期望解读情境

阿德勒认为，儿童在认识情境时，往往也受到自身需求和期望的驱动。他们可能会根据自己的愿望、恐惧或期望来解读情境，而不是完全基于客观事实。这种主观性和需求导向性，使得孩子对情境的认识具有一定程度的选择性和倾向性。

比如，一道题孩子明明做错了，当家长指出错题时，孩子的情绪一下就会爆发，就是不愿承认自己做错了。越是在弱势学科上，孩子这样的反应越是激烈，而在优势学科上反倒容易接受、愿意改错，这是为什么呢？

孩子会根据自己的愿望、恐惧和期待来解读情境，并因此产生认知偏差。其实，孩子是知道自己的弱势科目是什么的，也知道自己的成绩在全班平均水平是怎样的，他在心里会对自己有一个期待，甚至会在期待中塑造一个优秀的自我。当题目做错的时候，孩子之所以不愿意承认，是因为在孩子的信念里，"做错题了＝我不好"，如果承认自己做错题了，就打破了自己内心期待的自我。因此，孩子才不愿承认自己做错了题，哪怕标准答案就在面前也不承认，这不是孩子故意不尊重客观事实，而是孩子对自己的期待让他产生了认知偏差。

面对孩子这样的认知特点，家长其实不必强行扭转孩子的思维，而应多把注意力放在孩子做得好的点上，给孩子正反馈，帮助孩子转念，让孩子学会一体多面地看待问题。

再比如，去到陌生的环境时，虽然大人们对孩子都很热情友好，孩子却不愿意和大人打招呼。这不是因为孩子没有礼貌，而是因为孩子在那一刻的需求是安全感，所以他会根据自己的需求来作选择，而忽略场合。出于对安全感的需求，孩子就会选择躲在父母身后，怎么鼓励都不愿和大人们打招呼，而不能从客观的角度去理解，这些大人是爸爸妈妈的朋友，是安全的，是友好的，是不会伤害他的。这种基于个人需求和期望的解读方式，使得儿童对情境的认识具有选择性和倾向性。因此，家长不能因为担心别人说自己没教育好孩子，就强迫孩子和大人打招呼，甚至从自己的视角出发给孩子贴标签："不和大人打招呼就是没有礼貌。"我们作为家长，大可以向下兼容孩子的需求，帮助孩子解解围，如果孩子不和大人打招呼，家长就更热情一点，多和亲友打招呼，礼貌一点。当孩子的安全感需求被满足以后，他自然就会开始向外探索。

允许孩子慢慢成长

当我们了解了孩子的认知局限性之后，我们就不能只根据孩子的某一个行为武断地给孩子下一个判断——不和长辈打招呼就是不懂礼貌，被小朋友欺负不知道还手就是懦弱，闯了祸后逃避就是心理有问题……这样的做法就像忽略一首乐曲的整体，而把某一个音符单独拿出来做文章一样荒谬。

在孩子的成长历程中，类似的情况不胜枚举。大多数时候，因为家长无法自洽，无法调整自己的情绪，所以当他们看到孩子发脾气哭闹，讲道理也听不进去，不配合大人，不照顾大人的感受时，就觉得孩子自私自利、胡搅蛮缠、任性妄为，于是选择用暴力压制的方式让孩子服从，殊不知这其实是孩子受限于身心发育的水平的表现，并不是孩子故意为之。随着认知的发展，孩子也会逐渐去认识客观事实，根据客观事实去下判断、作选择。然而，如果我们用以暴制暴的方式对待孩子，导致孩子心理的自我保护机制开启，就很有可能拖慢孩子认知发展的进程，甚至让孩子变得不愿意面对客观事实，活在想象的空间里，从而影响孩子的认知发展水平。

因此，我们在教育和引导孩子时，要充分考虑他们的心理发展水平和认知特点，带着觉察和区分，保持稳定的内核，以更加包容和理解的态度来对待他们的行为和反应，给他们一些理解客观事实和成长的时间。同时，我们也可以通过恰当的教育方法和策略，帮助孩子逐渐增强客观地认识情境的能力，促进他们的全面发展。

附：游戏力引导

游戏力引导是一种让孩子快速行动起来和配合家长的比较有效的引导方式，是培养孩子习惯的辅助手段，适用于 9 岁及以下的孩子。它能用轻松的方式来化解孩子的情绪和抵触心理，基本上是孩子接受程度最高的引导方式。家长们可以参考下文提供的模块，找到适合自己孩子的方式，甚至自己创造适合你们亲子时光的游戏力引导方式。

游戏力引导的作用是让孩子快速开始行动或者快速进入学习状态。因为孩子的兴趣在哪里，注意力就在哪里，所以家长运用游戏力引导的目的是帮助孩子把注意力聚焦到他要完成的任务上来，而不是真的让家长在孩子需要行动和学习的时候和孩子玩游戏，更不是哄着孩子去行动和学习，家长要记住这个准则。

　　用游戏力引导孩子时，家长们最好也让自己回归到童年时的状态，一个在游戏时放不开的、扭扭捏捏的大人无疑是扫兴的。因此，你作为家长要把自己当成孩子的小伙伴，这样你才能打开游戏力引导的大门，与孩子见招拆招。

第一个模块：学习启动

1. 开火车游戏

　　这个游戏可以用于孩子做口算练习的启动。当孩子抵触口算练习，迟迟不愿意开始的时候，家长就可以用这个方式引导孩子。每一竖列的口算题，就是一列小火车，家长和孩子是列车员，孩子负责把数字乘客（得数）安排到正确的位置，家长则可以模拟列车上的广播，来帮助孩子集中注意力和提升运算速度。在孩子走神的时候，家长可以这样说："列车即将出发，请还未上车的乘客根据列车长的安排尽快上车入座，我们的列车马上就要开了……""火车"即将开动的紧迫感会让孩子专注且高效地完成计算。

　　当孩子完成第一列口算题时，家长可以和孩子一起模拟火车出发的声音："呜呜—— 一号列车开走了。"第二列口算题以此类推："二号列车即将进站，请乘客注意安全有序上车。"

　　"做列车长"的兴趣会抵消孩子对计算题的抵触。当孩子不知不觉高效且专注地完成任务后，家长可以去放大孩子对自己学习成果的成就感，让孩子体验到，原来自己可以在很短时间内完成作业，并且知道做口算题真的很简单。慢慢地，孩子对于做口算题的抵触情绪就会减轻，也不再觉得完成 100 道口算题是多么困难和遥不可及的事情。

2. 哄字宝宝睡觉

这个游戏可以用于孩子写拼音填字类作业的启动。家长可以这样引导孩子：每一个田字格都是字宝宝们的午睡小床，孩子是幼儿园的生活老师。现在字宝宝们都在操场上玩，孩子要负责把字宝宝们一个一个地放到小床上并哄睡。在这一过程中，如果孩子拼错、写错，家长也不要干预，等到作业全部完成以后，家长就可以把红笔给孩子并告诉他：

"貌似有几个捣蛋鬼没有好好睡觉哟，你来找一找谁是捣蛋鬼，把捣蛋鬼制服。写错的字就是捣蛋鬼，你把它们改正过来就是把捣蛋鬼制服了。"

中途，如果孩子因为写不出来或者写错而发脾气，家长就可以这样说："嘘，保持安静，不要吵醒已经睡着的字宝宝，不然你就白忙活了。"

这样既可以把孩子的注意力拉回到完成作业上，也避免了讲大道理这种对孩子情绪调节毫无帮助的行为。

这个游戏不仅可以大大减轻孩子对拼音填字练习的抵触情绪，还能帮助孩子培养检查作业的好习惯。

3. 侦探解码

这个游戏可以用于孩子做应用题和阅读理解题的启动。家长可以把孩子的玩偶锁在抽屉或者柜子里，给孩子发布一个任务：

"艾莎或者奥特曼被黑暗女王抓走了，而她留下了一些线索，作为大侦探的你要破解这些密码，然后就可以拿到钥匙解救艾莎或者奥特曼。"

当孩子完成了作业时，家长就把钥匙给他，不用告诉他玩偶在哪个柜子或抽屉里，要让他通过观察钥匙的形态或者一个一个地尝试开锁去判断，解救出他的玩具伙伴。

这种充满戏剧性的预设，会激活孩子的探索精神，不知不觉间，孩子的小脑筋就会开动起来，主动思考，寻找线索，而应用题和阅读理解题也就不再是孩子做作业时难以攻克的大山。

4. 小老师讲课

这是大名鼎鼎的费曼学习法，可以用于孩子复习、预习和改错的启动。在这一启动方式中，孩子是小老师，爸爸、妈妈、弟弟、妹妹、各式玩偶是学生。如果运用这个方式让孩子讲自己的错题，孩子就会非常愿意主动改错，甚至还能完美还原老师在教室给他们讲错题的样子。这样，孩子就根本不抵触改错了。这种输出的方式还有益于孩子加深对知识点的理解，如果孩子还不过瘾的话，家长还可以让孩子出题来考考爸爸妈妈。如果孩子能够把这个知识点讲清楚，并且还会出题了，那么这个知识点他肯定是掌握了。

这个方式是最有利于孩子理解和记忆所学内容的，甚至比写作业对孩子的帮助更大。

第二个模块：叫醒启动

叫醒游戏的目的是让孩子"无痛"起床，减轻孩子的"起床气"，因此只要是让孩子嘻嘻哈哈、开心快乐的方式都可以。

1. 铲车游戏

家长可以把自己的手臂当成铲车的铲斗，模拟机器人的声音："这里有个小孩，我要把他铲走，铲车一号启动，滴滴滴滴……"家长可以故意铲到床上别的地方，孩子也会左躲右闪。一来二去，孩子很快就会清醒，拥有一个愉快的早晨。

2. 电鳗游戏

家长可以把自己的手臂当成"电鳗"，钻到孩子的被窝里，尽可能往孩子比较怕痒的身体部位钻，比如脚心和胳肢窝。"电鳗"不仅会钻到被子里，并且还会"噼噼啪啪"地放电，把孩子从被窝里"赶出来"。这个游戏在冬天孩子贪恋温暖的被窝，迟迟无法起床穿衣的时候启动效果最佳。

3. 亲亲游戏

这个启动方式很简单，家长可以噘起嘴对孩子说一些极其肉麻的话，配合做作的语气："哎哟，这是谁家的大宝贝儿哟，这小脸看着可真好亲呐，快让我来亲两口……"家长既可以故意亲偏，也可以亲孩子怕痒的身体部位比如肚子、手心等容易痒痒的部位，其目的也是让孩子在左躲右闪中清醒过来。

早晨的心情决定着一家人一整天的状态，这些起床游戏力活动能够让孩子和家长有一个愉快的早晨，避免摩擦和争吵，心情愉悦地开始一天的学习和生活，并逐渐帮助孩子改善起床难的问题。

第三个模块：回家启动

如果孩子在外面玩得兴奋，喊不回家，家长与其扯着嗓子威胁孩子，不如用一些躲避游戏来启动。以下的游戏力引导方式不仅适用于引导孩子回家，还适用于引导孩子去学校或者兴趣班等一切地方。

1. 假想敌躲避游戏

当家长着急赶回家或孩子不愿意回家时，家长可以假装看到孩子背后的远处有假想敌出现："我看到那里有个怪兽，快跑，我们要回到安全岛上去，那里有魔法结界，这样他们就不敢过来了。"家长说完这句话，就转身往家的方向跑，这样，孩子一定会尖叫着赶上你。

当家长赶时间去某地，孩子却磨磨蹭蹭时，也可以用此游戏来帮助孩子出发去目的地。

2. 方舟游戏

家长可以引导孩子假想大洪水来了，马上就要把这里淹没。因为这里变得非常危险，所以需要孩子作为安全部长，带着家长赶紧撤离。家长可以扮演需要孩子拯救的市民："滔天大洪水要来了，请带大家回到安全的方舟上去，快骑上你的滑板车，我们也需要快速回到我们安全的方舟去，还有 30 秒登船，快！"去哪里登船？当然是乘坐回家的电梯啦。

其他游戏力模块：

1. 瞌睡粉

当孩子很兴奋，迟迟不肯入睡时，家长就可以用此游戏让孩子安静下来，逐渐进入睡眠状态。家长可以扮演巫师，对孩子说："我秘密地配制出一瓶瞌睡粉，只要把瞌睡粉撒到别人脸上，别人便会立刻沉睡过去。被撒中瞌睡粉的人，要保持五分钟闭眼一动不动。糟糕！我不小心打翻了瞌睡粉，大风把瞌睡粉吹散，整个城市的人都陷入了睡眠……"

2. 情绪疫苗

这个游戏可以帮助孩子预判自己可能会爆发的情绪，并对此做好准备，有意识地克制自己。当家长们感到接下来发生的事情有可能触发孩子的情绪时，可以提前扮演医生，给孩子打一针情绪疫苗："待会儿你要写作文，上次写作文的时候你有很大的情绪。这不是你的错，我知道写作文对于你来说是有难度的，不过我相信你可以做到，上次你只是被情绪给干扰了。我来给你打一针情绪疫苗，好让我们不产生那么大的情绪，平稳地写完作文。"说完，家长就假装给孩子注射情绪疫苗，并告诉孩子，有了这个情绪疫苗，他一定能够调整好自己的情绪，不会情绪爆发。

3. 充电游戏

这个游戏可以在孩子能量低或者因受挫而无精打采的时候帮助到他们。家长不需要给孩子讲太多大道理，此时，拥抱就是最好的疗愈。家长可以告诉孩子，自己是个充电桩，识别到孩子电量低，此刻需要充电。家长只要把孩子抱在怀里，什么都不用说，让孩子感受整个充电的过程，感受能量从脚尖逐渐升高到大腿，到胸口，到头顶，一直到能量"回满""充满电"之前，家长都要一直拥抱着孩子，直到他觉得电充满了，要离开"充电桩"。没有什么比父母的怀抱更能让孩子感受到安慰了，这也是父母给予孩子能量的过程。

除了以上的游戏力引导方法，家长们也要打开思路，像孩子一样思考，多想一些游戏力引导的方式，当一个方法不起作用的时候，我们也可以有一个备用方法来帮助孩子。用游戏力启动的方式引导孩子虽然比较耗费家长的脑力，但是比起唠叨催促、讲道理，不仅效率大大提升，也能缓和亲子关系。

·第三节·
不是孩子故意惹你生气，而是大脑未发育成熟
——大脑发展局限导致儿童看问题是短视的

我相信家长都体验过这样的崩溃时刻，孩子爆炸式的情绪和哭泣真的可以让你的理智瞬间崩塌：比如孩子咳嗽还没好，却非要吃冰淇淋，家长才说不能吃，孩子就当场开始撒泼；比如网络信号突然断了，孩子看到一半的动画片不能放了，于是他就开始吱哇乱叫；再比如孩子写作业时连着两道题不会做，就开始哭到天昏地暗。

单是看到这些文字，你的血压就高起来了，是吧？在这一节里，我想告诉作为家长的你：孩子有这样的表现，不是因为你的教育方式出了问题，也不是孩子故意要惹你生气，而是因为孩子的大脑还没发育成熟——换句话说，孩子之所以几乎没有控制情绪的能力，是因为他们还不具备控制情绪的生理条件。因此，家长对情绪失控的孩子生气之余，还要了解孩子大脑的发育的规律。只有了解了这种规律，我们才能够根据孩子的"脑回路"去理解和支持孩子。

导致孩子短视、情绪化的原因有以下三个：

混乱与刻板

在孩子的日常生活中，混乱和刻板无处不在。如果我们了解了混乱和刻板的概念，我们就能很好地理解孩子那些令人费解的行为，也可以随时把握帮助孩子调整的度。

我们可以把孩子的情绪动态想象为钟摆运动（见图 4-1），"钟摆"

在中间小幅度摆动，是孩子平静而愉悦的状态，然而当这个"钟摆"大幅度地左右摆动的时候，就会导致两种不同的问题出现——左边代表混乱，右边代表刻板。当钟摆太靠近混乱的一边时，孩子会感到失控，被焦虑和愤怒包围，他会嚎啕大哭，乱扔东西，甚至开始踢打大人；当钟摆太靠近刻板的一边时，和失控正好相反，孩子会完全不愿意尝试和改变，听不进任何建议，固执己见。

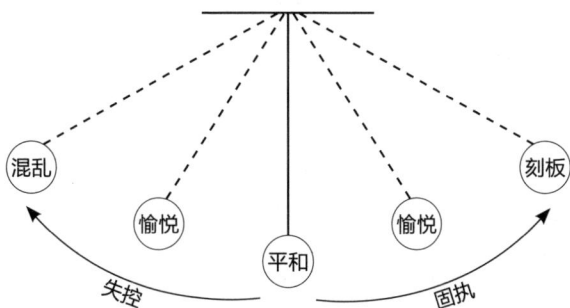

图 4-1　把孩子的情绪动态想象成钟摆

我们作为家长，在育儿过程中经常面临的挑战是，孩子的"钟摆"偏离了中央，要么太混乱，要么太刻板。比如当孩子拒绝在睡前收拾好书包，认为早上起床后再收拾书包也完全来得及，听不进家长的建议时，他的情绪正处于刻板的一边；当早晨起来，孩子慌慌张张地收拾书包，这也找不到，那也找不到时，就会开始大发脾气，乱扔书本，这时他的情绪又处于混乱的一边。家长们看到后经常习惯性地指责孩子："我说什么来着？让你晚上收拾好书包，可你就是不听。"

然而，这种"马后炮"是没用的，无论孩子的情绪处于刻板的一边，固执己见，还是处于混乱的一边，暴躁、发脾气，我们都要清楚地意识到，我们不能代替孩子去生活，就像我们不能替他生病一样。

孩子也需要在体验中成长，在体验中去积累属于他的人生经验。我们可以让他去体会刻板或混乱的直接后果，过后再抽时间带着孩子总结，复述事情经过，然后讨论其中行得通的是什么，行不通的是什么，下次又该怎么改进。

只关注眼前

孩子的认知能力和社会经验相对有限，这就导致他们难以全面考虑问题的长远影响，而会更多地关注眼前行为的直接后果，这与大脑前额叶的发育程度有关。前额叶是大脑中负责决策、规划和判断等高级认知功能的区域。因为儿童大脑的前额叶尚未完全发育成熟，所以他们的决策过程可能更加直观和冲动，缺乏足够的远见和考量。比如，在美国心理学家沃尔特·米歇尔（Walter Mischel）所做的棉花糖实验中，主试让受试的孩子们选择：是现在得到一颗棉花糖，还是15分钟以后得到两颗？大部分孩子会选择现在得到一颗，且年龄越小的孩子，做这样选择的概率越大。虽然已经有研究证实，孩子延迟满足的能力强弱和他们未来成就的高低是没有太大关系的，但是我们至少可以从这个实验中直观地看到，孩子就是更关注眼前的得失，而不太会作长远的考虑。因此，家长不要过多和孩子强调"现在不怎么怎么做，以后就会怎么怎么样"，家长和孩子说："不好好学习，以后你就要去捡纸壳子、去打螺丝……"孩子是没有感觉的，他依然会只顾着眼前的好玩的、好吃的，而不会去好好学习，这不是孩子没有上进心的表现，而是他的认知水平带来的局限。家长不用对孩子讲那么多的未来，引导他们做好每一件当下的事情就好。

更容易被眼前的刺激吸引

孩子的注意力分配和情绪调节能力不足也是他们没办法看得长远

的原因之一。他们可能更容易被眼前的刺激吸引，而难以长时间保持对某一项任务的专注。同时，情绪状态也可能影响他们的决策过程，让他们更容易作出冲动的选择。

比如，很多家长都有这样的经历：虽然这个兴趣班是孩子软磨硬泡要报的，但是报班了以后，孩子每次在去之前都是不情不愿的，说不想去，可去了又很开心，状态也很好，而下次去兴趣班之前，又要经历一轮同样的状况循环。这样的情况就是很典型的孩子因为注意力不足和情绪化而短视的例子：去兴趣班之前，孩子的注意力可能在玩电子游戏或者阅读课外书上，在那个时刻，他想的就是放弃兴趣班，而不管这个兴趣班是他喜欢的，或者是对他有帮助的。基于孩子的这个特点，家长就要拿出耐心来，帮助孩子把注意力转移到他们应该去做的事上，运用游戏力来引导他们行动。

学会向下兼容

如果把我们成年人和孩子的大脑发育完善程度类比为电脑的系统版本，成年人的系统版本就是Windows11，孩子的系统版本就是Windows98。因为"系统"功能尚不完全，孩子在遇到一些事情的时候，其大脑没有办法处理，所以他们只会通过发脾气、哭、闹来宣泄情绪。而我们成年人不一样，我们已经经历了很多事，也积累了很多经验，我们的"系统"不断地升级，才到了现在的版本。对于遇到的事情，我们已经知道很多解决办法，也有很多解决问题的思路。相较于孩子而言，其实我们拥有比较高级的系统，而很多时候孩子是需要我们帮助、需要我们去向下兼容的。我们的每一次向下兼容，都是在教会孩子新的处理方式，为他展示不同的解决办法。时间长了之后，他们也会从我们这里学到不同的办法，从而升级自己的"系统"。

以孩子病还没好，就想吃冰淇淋，家长告诉他不能吃就哭这件事为例：如果我们作为家长，一味地希望孩子能懂事地忍住自己的情绪，向上兼容我们，几乎是不可能如愿的。这时我们就需要向下兼容孩子：当道理讲不通的时候，这件事该怎么处理？家长可以承认孩子真的很想吃冰淇淋的情绪，并且接纳孩子想吃冰淇淋的这个愿望，同时也引导孩子想一想，如何做才能既不把身体搞坏，又可以解馋。如果孩子暂时想不出，家长就给孩子 A、B、C 三个选项：A. 用果冻、酸奶等代替；B. 买一个冰淇淋球和妈妈分吃；C. 把这个机会攒起来，病好了吃两个冰淇淋。

同样，当网络信号突然断了，导致孩子看不了动画片时，家长可以试着带着孩子一起重启一下路由器，让孩子知道突然连不上网络信号时的解决办法。再比如，如果孩子写作业畏难，家长就可以假装孩子在和题目的答案玩捉迷藏，要根据已知线索把藏起来的答案找出来，并且要注意具有迷惑性的捣蛋鬼。家长还可以带着孩子化抽象为具象，用直观的图形画一画，或用小棒摆一摆，帮助孩子理解知识。别忘了，孩子的兴趣在哪里，注意力就在哪里。

这就是成年人对孩子的向下兼容。如果你作为家长要求孩子用忍住嘴馋、控制住情绪、不惹你生气的方式来向上来兼容你，他一定是做不到的，这样做的最终结果就是家长和孩子一起崩溃。

帮助孩子调节情绪的小故事

当孩子情绪爆发，非常生气或者哭闹的时候，家长要先让孩子发泄情绪，暂时不去干预，把自己从孩子的情绪中抽离出来。等孩子把情绪发泄完，平静下来之后，再给孩子讲下面的两个故事。

当然，更好的办法是提前打好预防针，在平时就把这两个故事当睡前故事讲给孩子听。

1. 是什么杀死了赛马珍珠？

马场里有一匹跑得非常快的赛马，所有人都觉得未来的赛马冠军一定是这匹白到发光的骏马，它的名字叫珍珠。

比赛的日子到了，马夫把珍珠从马厩里牵出来，要把它带到赛马场。然而，不知是哪个粗心的家伙不小心把钉子洒在了路上，珍珠在去马场的路上踩到了钉子，钉子扎进了它的马掌里。马的蹄子是由一层很厚的角质组成的，和我们的指甲一样，因此，钉子其实是扎在它的指甲里。虽然并未伤到皮肉，也不疼，但是珍珠无法忍受指甲里有异物的感觉。

它非常生气："哪里来的钉子？看我不把你甩开，让你尝尝我的厉害。"

于是，它拼命用前蹄去踢坚硬的墙壁，由于不断踢墙面，它的前蹄开始受伤并流血。疼痛让珍珠更加愤怒，它开始狂奔，然而越跑，前蹄上的伤势越重，伤越重前蹄就越疼，前蹄越疼，珍珠就越是愤怒。它暴怒地狂奔，不能自已，导致心脏超负荷运转，最后累死在一棵柳树下。

珍珠的死很可惜是不是？它是这么一匹难得的好马，却还未取得冠军就这样死去了。你觉得是什么杀死了珍珠？

讲完故事以后，家长可以让孩子去分析：是什么杀死了这匹赛马？孩子可能会回答："是钉子"，或者"那个撒钉子的人"，洞察力强的孩子会说"是失控的情绪"，这些答案都非常好。

家长要开放地和孩子一起讨论，不要追求标准答案，不过最终这个故事的落脚点要放在失控的情绪上，让孩子明白，失控的情绪会让人把本来无关紧要的事情放大，让人头脑不清醒，无意识地犯下无法弥补的错误，不仅会让人错失机会，甚至还会让人害了自己。

2. 旺财的故事

有一只小狗叫旺财，它和它的主人快乐地生活在一起。

有一天，它的主人要出差3天，主人在临走时，把它的食盆加满了狗粮。旺财从来没有见过堆得这样尖的食盆，它兴奋极了，主人走后，它就守在食盆边，舍不得挪动脚步。渐渐地，旺财睡着了……

等它再醒来时，发现大事不好：它食盆里的狗粮只剩一半啦！肯定是可恶的老鼠，趁旺财睡着时把它的狗粮偷吃了！看着只剩一半狗粮的食盆，旺财眼前赫然出现了两个自己。

一个悲观的旺财说："糟糕了，主人才刚走，我就只剩一半的狗粮可以吃了，不等主人回来，我就得饿死。"

悲观的旺财边说边哇哇大哭起来。

另一个乐观的旺财说："还好还好，还剩半盆狗粮，只要我守好剩下的狗粮，每天少吃点狗粮，多喝点水，就一定可以坚持到主人回来的。"

讲完故事以后，家长可以问孩子：你觉得旺财能坚持到主人回来吗？它该听哪个旺财的建议，才能坚持到主人回来？如果它受到悲观旺财的影响，会发生什么？受乐观旺财的影响，又会发生什么？

家长和孩子一起讨论后，要给孩子总结："你发现没有？当糟糕的局面出现时，我们看待问题的角度不同，做法不同，得到的结果也不同。当你遇到不好的局面时，这个糟糕的局面可能只是硬币的其中一个面。这时，如果你可以将硬币翻到另一面看看，就会得到不同的答案。你那么有思想，我相信以后你在遇到让你觉得很糟糕的事情时，一定可以冷静地从中找到转机。"

这两个小故事和觉察与区分两种方法起到的是类似的作用，家长把它们讲给孩子听，就像在孩子的心里种一颗种子。

故事不是讲完就结束了，我们还要利用这两个故事，在日常生活中训练孩子调节情绪的能力。家长可以和孩子约定一个口令，比如"珍珠"是提醒孩子要冷静，不要像珍珠一样被情绪操控，去做破坏性的事情和伤害自己的事情；"旺财"是提醒孩子要一体两面地思考，不仅要看到事情糟糕的一面，也要学会看到好的一面、积极的一面，主动去想办法，这样坏事也能变成好事。

为什么要有口令呢？因为孩子情绪爆发的时间是很短的，他情绪失控后，可能几秒钟内就会失去理智，我们根本没有时间在他情绪爆发前给他讲完道理。将道理简化为口令，我们就能迅速提醒他要注意什么，就像吹哨一样，可以引起孩子的注意。

举个例子，当孩子和小朋友争论，因为说不赢对方而恼羞成怒时，家长就要赶紧在孩子情绪即将爆发时告诉孩子口令："珍珠，不要像白马珍珠一样。"喊出口令，就等于给孩子的情绪踩了一脚刹车。虽然对于孩子来说，他一开始肯定不会立刻冷静下来，他可能在反应一瞬间后，还是会情绪失控，但是没关系，家长要和孩子一起总结经验教训，然后在每次孩子情绪要爆发时，就说这个口令。慢慢地，这个口令就会变成孩子头脑中的一个"哨兵"。孩子总有能调整过来情绪，冷静下来的时刻，在那个时刻，家长就要给孩子正反馈。当孩子有了第一次自主调节情绪的体验以后，就会逐渐学会有意识地控制情绪了。

有的孩子情绪上来时会生闷气，比如直接跑回自己的房间，把门锁起来。这时，家长也不要急于敲开孩子房间的门，只要轻声在门口说出口令，这两个口令背后的故事就会让孩子慢慢平复和自己整理好情绪。

家长们面对孩子的情绪，应始终牢记目标：孩子总要学会自己处理和调节情绪。因此，家长应把这两个小故事和训练口令当成一种媒介，去帮助孩子学会自我调节情绪。

育儿其实也是一个愈己的过程，孩子的情绪之所以能很快把你的情绪点燃，是因为你内在的那个小孩被唤醒了，那个藏在你潜意识里的恐惧的、无助的、伤心的小孩被唤醒了。你抗拒孩子的情绪，其实是在抗拒自己最不愿意面对的心灵的角落。因此，用你自己的内在小孩渴望被对待的方式去对待你的孩子，你自己也会得到疗愈，之后同样的事情就不会再激发起你的情绪了。

家长们需要特别注意的是，孩子的情绪化、短视行为并不代表他们故意忽视长远利益，这是他们的认知受到大脑发育水平和认知能力限制的表现。因此，家长在教育和引导孩子时，不要轻易地给孩子贴标签，而是要理解并尊重他们成长的这一必然阶段，以支持者的心态去为孩子提供支持和指导。随着经验的增加和认知能力的提升，孩子就能慢慢地学会更周全和长远地考虑问题，而不是只看眼前的得失。

·第四节·
不是孩子畏难软弱，而是思维发展局限
——儿童看待问题是二元对立的

孩子遇到困难就畏缩、怕输、不敢挑战，是什么原因？不敢面对困难、逃避困难、自我否定其实只是孩子外在的行为。这个行为背后的原因是孩子由于思维发展局限，看待问题是二元对立的。这种思维方式不仅孩子有，很多成年人也有。

我们已经知道，孩子看待事物的方式和成年人是有差异的。如果我们想要深入地理解孩子，就一定要记住：大部分的孩子习惯把世界划分为两个对立的部分，上或下、优或劣、有或无、好或坏、聪明或笨拙、全有或全无等。与成年人复杂、多维的思维方式不同，孩子们更倾向于用简单、直接的方式来理解和解释周围的一切，因此，他们看待事物时，往往将其划分为两个对立的极端。这种思维方式既是他们认知发展的一个阶段，也是他们探索世界的独特方式。

比如，孩子们在评价自己或他人时，常常会用"聪明"或"笨拙"，"好"或"坏"这样的词汇，因为他们很难理解中间状态的存在，觉得自己或他人都是要么聪明要么笨拙、要么好要么坏、要么优要么劣。这种二元对立的思维方式，使得孩子们在理解复杂问题时可能会显得过于简单化和片面化。

因此，孩子在面对挑战或者困难时，会因二元对立的思维方式过度放大困难，以及对自己作出不客观的评价，比如"我输了＝我不

好""我没做到＝我很笨",从而畏难、怕输、不敢挑战。再加上很多家长看待问题时也带着二元对立的思维方式,认为孩子遇到困难时选择放弃,就是逃避软弱;孩子不愿意坚持,就是没有韧性和意志力。家长这样的看法,又会加重孩子的畏难情绪。

承认孩子的感受,而不是只想着让他坚强

当孩子面对挑战有畏难情绪的时候,家长不应只想着怎么让孩子坚强起来,而是要承认孩子的感受,对孩子表达自己能够看见孩子的难处,愿意帮助他,并且会义无反顾地保护他。家长可以这样告诉孩子:

"不想举手回答问题可以不回答,我们的目标是把知识学懂。当着这么多人回答问题确实让人紧张,我知道,人一紧张,就会语无伦次,这样会很尴尬。然而这并不代表你不好,你看,虽然电视台的主持人也有口误的时候,但他们依然是优秀的主持人。"

"我理解你的担心,在舞台上摔倒确实很丢脸,还有那么多人看着。他们会觉得好笑,因为不是他们摔倒,而你作为当事人肯定会很难堪。不过你看,这不是还没有发生吗?我发誓,如果你在舞台上摔倒,我一定会第一时间去把你抱下来,我会在你身边。"

我们的目的是帮助孩子学会自我调节

前面那些话虽然不一定会让孩子马上就勇敢起来,他可能依然畏难退缩,但是我们要牢记:我们的目标不是搞定孩子的畏难情绪,而是帮助孩子学会自我调节。

当孩子表现出二元对立的思维方式时,我们作为家长,不要急于纠正或否定他们,更不要想着在当时就让孩子明白看问题要一体多面的道理。对孩子的教育,就是耐心地去种一颗种子,利用生活中的每一个机会向孩子讲解事物的多样性和复杂性。比如,在电视上的体育比赛中，虽然有人输就有人赢，但输了比赛的那支队伍就一定是不好的吗？再比如，班级里成绩不理想的孩子，就一定是坏孩子吗？随着孩子的成长，他会在某个阶段把头脑中这些反反复复、点点滴滴的教诲串联起来，一通百通，然后学会一体多面地看待事物。

带着发展的眼光看待孩子

孩子做不到一些事只是暂时的。孩子在成长，他的认知和思维方式也在改变。孩子不是代码，只要写好了，就会一辈子这样运行下去，而是在变化成长的。当孩子因为自己暂时做不到某事而畏难时，家长可以带着孩子去回顾：他是如何从根本掌握不了平衡到完全敢自己骑自行车的，他是如何从一个球都拍不起来到现在可以带球跑步的……通过回顾孩子过去的经历，可以让孩子明白从笨拙到熟练就是学习的过程，让孩子意识到"我出错了≠我不好""我没做到≠我很差"，这样孩子才有勇气去迎接挑战。们会随着年龄的增长和经验的积累，逐渐学会辩证地看待多元的世界，发展出更加成熟和全面的思维方式。

最重要的一点是，家长自己的思维也要转变，要以发展的眼光去看待孩子。家长不要因为孩子一点点的畏难情绪和过失就方寸大乱，任凭自己被情绪牵着走，觉得"天塌了，这孩子完了"。正是因为家长有这样一惊一乍的状态，孩子才会变得怕输、不敢挑战，做不到一件事就发脾气。请家长事事觉察，时时区分——我们不接受孩子的畏难，到底是因为过于重视自己的面子，还是因为潜意识信念的演绎？家长要把这些干扰排除，带着发展的眼光看待孩子的成长。只有安全感富足的孩子，才会有勇气探索世界，否则，他就会一直处于"撤退"状态。想要孩子坚强，家长不能无视他的感受和认知把他推出去面对困难，而要真正地看见他、认同他、关心他。

第五章 心态
解码孩子行为背后的动机

孩子的每个外在行为，背后都有一种心态作为支撑，行为是"标"，心态才是"本"。只有孩子的内在心态转变了，他们外在的行为才会随之转变，否则家长的教育就是做无用功。

只看见行为，而忽略背后的动机，就是在做无用功

很多家长对孩子的行为非常无奈："我对孩子打也打了，骂也骂了，为什么他就是不改？"这是因为家长"劲"使错了地方，只是在孩子的行为上做功，没有调整孩子的内在心态，孩子的行为就不会发生改变。心态是看不见摸不着的，很容易被家长忽略，而行为是很直观的、可以看见的，因此家长们就会自然而然地执着于修正孩子外在的行为，常见的方式有讲道理、约束、威胁、奖惩等。而这些作用在孩子行为层面的管教方式往往收效甚微，家长也就很容易因此恼羞成怒，对孩子使用更加激烈的管教手段，或骂或打。然而家长们都经历过这样的局面：打骂一顿后，孩子的表现会好三天，可三天以后，孩子又故态复萌。这是因为只要孩子的心态没变，家长在纠正他们的行为上怎么花心思都白搭。作为处于认知更高层次的家长，学会看见孩子行为背后的心态是教育孩子的第一步。在此之后，家长才能帮助孩子转变心态。孩子的心态转变了，外在的行为才能发生改变。

　　这一章，我就来带着大家通过孩子的行为，去看见他们背后的心态，让家长们真正读懂孩子。

· 第一节 ·
拖拉磨蹭——不是懒，而是内耗太大

孩子拖拉磨蹭、执行力差，不是因为他们懒，而是他们心理内耗太大。

从心理学角度来说，我们做出任何行动，都需要消耗相应的心理能量，也就是我们通常说的"心力"。学习其实是非常消耗意志力的事情，意志力又是需要强大的心理能量作为支持的。如果孩子心力不足，无法源源不断地给意志力提供"燃料"，他们自然就像没油的发动机，启动困难，于是出现拖拉磨蹭、执行力差的外在行为表现。因此，孩子执行力太差的原因不是懒惰，而是内耗过大导致的心力不足。

心力不足的孩子就像一台电量低的手机，如果这时你强行让他运行学习、写作业这种耗电量巨大的程序，结果就是要么死机，要么自动关机。于是就会出现当你催孩子学习、写作业时，他一副要死不活、无精打采的样子，做题时脑子也不清醒、拖拉磨蹭，甚至情绪爆发，直接撂挑子不学了。

当孩子心理能量的消耗远大于实际储备时，就造成了这样的局面：虽然孩子道理上知道这是必须做的事情，但是心里很抗拒，怎么办呢？拖着呗。孩子这种心态在行为上呈现出来的就是拖拉磨蹭、执行力差。

如果家长们不了解孩子行为背后的心态，只看到孩子行为上表现出来的拖拉磨蹭、执行力差，就会下意识地"上手段"去约束孩子的行为，试图让孩子快速行动起来。然而往往越这样做，孩子越不肯行动。

当家长们一味地催促、批评甚至威胁孩子时，引发的亲子矛盾也就更大。

我知道有的家长会想："那怎么办呢？我不催他，难道就放任他这样'摆烂'吗？"

当然不是。孩子上一天学，就像你上一天班，如果好不容易熬到下班时间，上级却紧接着让你加班赶进度，这样一天两天可以接受，一个月两个月咬咬牙还能坚持，可一年两年呢？

我们了解了孩子拖拉磨蹭、执行力差的行为背后的心态以后，就要把精力放在孩子的心态调节上。当你的手机电量低的时候，你会怎么做？赶紧给手机充电对吧？同样的，想要"启动"孩子，你也需要给孩子的心灵"充电"。

做孩子的充电站

如果家长发现孩子心理能量不够了，就先别着急忙慌地催促孩子写作业，想着让孩子赶紧完成学习任务早点睡。磨刀不误砍柴工，这时，家长要先帮助孩子充电。

如果是年龄大点的孩子，家长就可以陪孩子运动一下，让孩子休息一下脑子，或陪孩子吃点甜点，讲讲笑话，或者拿出一点时间来和孩子聊聊天，亲亲抱抱，亲昵一会儿。

如果是年龄小一些的孩子，通常在一天没见父母后，他们会更渴望和父母亲昵。这时，父母可以利用游戏力充电的方式。比如，父母把自己当成充电桩，孩子是机器人，把孩子抱在怀里就是在给机器人充电，父母可以和孩子一起想象电量一格一格地逐渐充满，从脚后跟一直充到头顶，最后达到满格，充电完毕。

愉悦的亲子互动是最好的给孩子心灵充电的方式。家长们可以根据孩子的需求来选择适合孩子的"充电"方式，为孩子输送能量，滋养孩子的心灵。

帮助孩子转念

通常，孩子休息了一会儿，和家长亲昵了一会儿之后，一想到即将开始写作业，就开始抱怨："作业好多呀，好烦呀……"抵触情绪又占领了高地。我们在前面已经了解到，这是孩子认知的局限性导致的，并不是他们故意要这样，甚至他们的这些情绪也和我们大人一样，很多都是演绎出来的，并不是事实。那么，我们就可以像给自己转念一样，也给孩子转念，帮助孩子把脑子里的干扰排除。

我们可以把孩子的作业记录打开，带着他一起拆解作业任务，化多为少，化大为小。当孩子具体地看到，其实作业并不如他想象的那么多的时候，他的接受程度也就会高起来。

比如，孩子在头脑中笼统地认为，数学作业是写一张小试卷，这太多了。而在作为家长的你带着他拆解作业后，他会发现，实际上一张小试卷只有 4 道应用题和 5 道计算题，虽然看起来是一张试卷，但是实际上题目并不多，真正做起来很快就完成了。

同样，虽然三科的作业全部加在一起感觉很多，但是你可以引导孩子把每个单科的作业拆出来，告诉孩子写完一科可以喘口气，休息一下，或者吃饭前做一部分，吃完饭后休息一下，再做后半部分，这样作业就没有合并在一起时感觉那么多了。

如果我们能够利用拆分任务、化大为小、化多为少的方式带着孩子转念，把孩子的抵触情绪化解掉，不让他带着抵触情绪做作业，他的效率就会提升，就能快速完成作业，让亲子双方都不内耗。

帮助孩子自我约束的小故事

对于无法自我约束的孩子，家长们可以用下面这个"小天使"和

"小恶魔"的故事来代替唠叨催促，让孩子学会有意识地克制自己：

在你的大脑里，住着一个小天使和一个小恶魔。小天使每天都在勤勤恳恳帮助你去成为你想成为的人，小恶魔则每天都在给你捣乱，让你无法完成自己的计划。你希望小天使厉害一点呢？还是希望小恶魔厉害一点呢？

对，我们每个人都希望小天使厉害一点。我这里有个秘诀：你想让谁变得比较厉害，你就多听谁的一点。比如，当看电视的时间结束了，你却还想看时，小天使就会跑出来帮助你："要关掉电视了，你是一个说到做到的人。"如果只有小天使的声音，这件事就会变得很简单，可小恶魔会出来捣蛋，他会告诉你："没关系，反正妈妈还没有提醒，再多看一会儿。"这时，如果你听了小天使的建议，把电视关掉，那么小天使就能获得你给予他的力量，变强一点。如果你听了小恶魔的建议，继续看电视，那么小恶魔就会变强一点。

如果我们一直被小恶魔蛊惑，不断地给小恶魔能量，小恶魔就会变得越来越强，强到连小天使都无法制衡它。这样一来，我们会变成什么样呢？我们就会完全被小恶魔控制，每天浑浑噩噩，只知道放纵自己，脑子不受自己控制，就像《植物大战僵尸》里的僵尸一样，眼神呆滞，失去自己的意识，天天沉浸在即时享乐里，感受不到成功的美妙乐趣。

那如果我们选择让小天使变强呢？我们就会变得越来越有力量，越来越优秀，自我管理越来越好，从而成为我们理想中的自己。

你一定是希望达成自己的目标的，对不对？因此，当小恶魔出来捣乱时，我们就要用自己的意志把小恶魔赶走，去做小天使支持你做的事情。你不用害怕，爸爸妈妈会帮助你一起赶走小恶魔。

这个故事讲完以后，当孩子沉浸在游戏或者电视节目的世界里，迟迟无法行动时，我们就可以让孩子听听小天使在说什么，小恶魔在说什么，要帮助小天使变强，还是帮助小恶魔变强，以此让孩子有意识地自我约束。

2件消耗孩子的事情不要做

有2件不仅不能给孩子"充电"，反而会消耗孩子能量的事情，是家长需要留意的：

一是父母有负面情绪或者相互争吵。孩子是最能感受到父母负面情绪的人，父母的负面情绪也会传递给孩子。我们自己要调节负面情绪都感觉不容易，更何况一个心智还不成熟的孩子呢？因此，父母的负面情绪对孩子的心力消耗是巨大的。孩子需要花很多精力和时间才能从父母的负面情绪中走出来。当孩子写作业时，最浪费时间的，往往是家长和孩子陷在情绪中相互拉扯的情况，因此家长在支持孩子的过程中，一定要先带着觉察和区分，让自己的内核保持稳定，再给孩子提供情绪价值，避免双方都陷在情绪里相互消耗的局面。

二是唠叨和催促。唠叨和催促就像垃圾信息的轰炸，虽然你永远都不会点开那些垃圾信息，也不会认真看，但是一条一条地删除垃圾信息还是会很浪费时间。因此，不要让唠叨和催促一点一点蚕食掉孩子的时间和耐心。多多尝试运用游戏力方式和小故事引导孩子，把思路打开。孩子的兴趣在哪里，注意力就在哪里，有了注意力，孩子的执行力自然就会高起来。虽然催促唠叨表面上看是最不费脑的教育方式，但它也是效果最差、效率最低的方式。家长宁可费点脑力，引导孩子快速完成作业，这样家长自己也可以好好休息，这是亲子双方都能受益的做法。请家长们多多尝试开动脑筋，以智取的方式去引导孩子。

· 第二节 ·
注意力不集中——不是贪玩，而是焦虑

我知道，面对一个写作业时注意力不集中的孩子，家长真的随时有可能被气到崩溃：孩子在 40 分钟的作业时间里，有 30 分钟是在做各种准备工作，比如削铅笔、喝水、上厕所；然后不是背痒就是屁股痒，要挠痒；一下子笔又掉到桌子下，要去捡笔；一下子橡皮又找不到了，要去找橡皮；在写作业的时候又总是奇思妙想不断，和家长有说不完的话……面对这些现象，家长们常见的做法是先忍，忍不住就唠叨，唠叨不管用，耐心耗尽后就开始发脾气，斥责、威胁孩子。然而家长们也发现，这种做法效果其实并不好。就算目不转睛地盯着孩子，他也无法集中精力，学习效率越来越低，学习时间也越拉越长。

既然大部分家长都有这样的苦恼，就说明这个现象是孩子在学习时普遍存在的。如果我们只是停留在表面，试图用一些技巧和方法来搞定孩子，而不去探究这种现象背后孩子的心态，那么这些技巧和方法也是治标不治本的。

人在焦虑中很难集中注意力

其实，教育心理学专家们早就把这个问题研究透了。他们发现，人在焦虑的时候是很难集中注意力的，因此，孩子注意力无法集中，除了生理原因外，普遍不是因为贪玩，而是因为焦虑。

其实，孩子的这种心理状态在大部分成年人身上也有体现。在要做的事情毫无头绪的时候，比如在写不出方案的时候，在想不出报告

如何开头的时候，焦虑就会让我们不断走神分心。这时，我们会不断地想要去查看手机、浏览网页、冲咖啡、照镜子、吃零食……我们有谁在做演示文稿（PPT）和写年终总结报告的时候没有玩过手机？有谁在开会的时候没有开过小差？这个问题一细想，估计百分之八九十的家长都会感到心虚。这其实是正常的，焦虑就是会让人走神分心，这是大脑对我们原始的保护机制。

有的家长会说："孩子吃喝不愁，一天天就是学习和玩，不像我们被房贷、车贷、工作、赡养老人等事情压得喘不过气，他有什么可焦虑的？"实际上，孩子焦虑的点是对学不会、不理解的知识所产生的无力感和父母负面情绪带来的压迫感。因为很多知识在孩子的头脑里是不成体系的，所以当他们面对作业和练习时，那种巨大的不熟悉感就会很让他们焦虑，导致他们无法集中注意力。这时，如果家长再去责骂和催促孩子，就会导致孩子的焦虑进一步升级。当焦虑达到一定量级的时候，孩子的抵触情绪就产生了。就像我们在做演示文稿毫无头绪的时候，如果领导还在不停地提要求和催促，我们的内心一定是非常烦躁的。

家长这样一换位思考，是不是就可以真正地共情到孩子了？过去，很多家长只是看到了孩子行为的表象，觉得孩子肯定是学习态度有问题，贪玩不愿学习。家长会想：孩子才一年级就是这样的学习态度，以后怎么办？不行，必须把这个坏毛病纠正过来。带着这样的看法，家长焦虑的情绪就会越来越重，人也会越来越急躁，管教孩子的手段也会越来越严厉。

这样，家长焦虑的情绪又会传递给孩子，加重孩子的焦虑。长此以往，孩子受到来自内心和外界的焦虑的影响，注意力也就越来越难以集中，就会越来越觉得学习是一件很困难且心力消耗巨大的事情，因此也越发对学习感到畏惧。这种畏惧又会加重焦虑，进一步导致孩子难以集中注意力，从而在这个怪圈中反复循环。

如果想让孩子能够集中注意力，家长最好的做法不是催促威胁，而是缓解孩子的焦虑，减少内耗。家长不要试图改造孩子、搞定孩子，而是要陪着孩子一起去应对困难。

觉察到孩子真正的难处

注意力不集中并不是孩子的主观意愿，更不是和家长对着干。家长要把之前学习的觉察自己的能力运用在孩子身上，去觉察孩子的心理活动。如果你作为家长能读懂孩子的心的话，就会发现你所看到的，其实并不是你所"看"到的。比如，当孩子不愿意阅读，一本书翻翻图片就算是读完了时，以我们家长的角度，一定会觉得孩子敷衍应付。而当我们能真正看见孩子的难处时，就可以帮助孩子克服阅读带来的焦虑，让他能沉浸到书本里去专心阅读。

心不在焉地随便翻完书只是孩子外在的行为，内在的原因是他阅读有困难，且他自己无法克服，或者他觉得他克服不了。小学低年级的孩子虽然已经有很大的识字量了，但是对于字词句的熟练程度还远远不够高。从看见一个字，到识别一个词，再到组成一句话，再到理解，这个过程孩子比较生疏，不像我们成年人，即使是打乱一句话的字词顺序也不影响阅读。这就导致孩子阅读不顺畅、读得困难、读不下去，也就很容易走神分心。

当我们看见孩子真正的难处时，就可以帮助孩子去化解，从而降低他们的焦虑水平，帮助他们集中注意力。比如，我们可以给孩子翻读的权利，对书的哪部分有兴趣就看哪部分；对于文字多的书，可以让孩子自己读，也可以由家长读，不强迫他自主阅读……只有真正让孩子放松下来阅读，他才能感受到阅读的乐趣，从而在书本中的故事里找到共鸣，继而爱上阅读。功利性的阅读带来的焦虑情绪，会让孩子难以感受到阅读的放松和趣味，反而会让他们厌恶阅读，想逃离阅读，无法集中注意力阅读。

给予确定的反馈

平时对孩子观察仔细的一些家长一定会发现，孩子解出一道题的时候，在下笔写答案之前会抬起头来看看父母。这个动作其实恰恰说明孩子不太确定答案的对错，急于获得反馈——我到底答对了没有？他们对此需要确定性。如果家长反问孩子："你看我干嘛？对不对你自己不知道吗？"孩子就会因为怕做错而不敢下笔，犹犹豫豫，从而更加难以专注。这种不确定性带来的焦虑，无形中也是孩子内耗的来源。如果孩子需要家长的反馈，家长就直接告诉他："对，是这么答的。"他就会信心满满地开始解第二道题，注意力也不会在纠结犹豫中涣散。

做孩子的充电宝

有个问题是很多家长不愿意面对和承认的：几乎所有的孩子都是"为了让家长快乐和放心而学习"的。孩子年龄越小，这样的想法越明显。因此，在学习时，父母和孩子的位置常常是颠倒的，孩子变成了给予父母能量的人，而父母借着为孩子未来做打算的借口，变成了能量的索取方，心智不成熟的孩子反而变成了能量的给予方，因为他们知道，自己的学习时时刻刻牵动着父母敏感脆弱的神经。孩子处于这样的状态下，就像坐在高速路中间看书，他哪里还有能量去集中注意力成长和进步？

孩子的内在只有几小格"电量"，却要带动一大家子人的内在能量，肯定坚持不了多久就会"电量"过低了。孩子小小的肩膀怎么能背负得了大人的恐惧和焦虑? 因此家长们不要颠倒自己和孩子的位置,家长才是孩子的精神支柱。家长只有带着觉察和区分,保持稳定的内核,才能持续地输出能量给孩子,滋养孩子。家长一定要做孩子的"充电宝",成为孩子内在能量的补给站。只有孩子内在有力量了,才能更好地管理自己的注意力,而不是被焦虑干扰。

利用时间银行帮助孩子聚焦

时间银行既能有助于孩子提升效率,还能帮助孩子专注,规则如下:

家长这里有个"时间银行",孩子可以往时间银行里存取时间,所有存取的时间会在当天零点全部清零,第二天又需要重新存储,因为每个人每天都公平地拥有 24 个小时。如果孩子比预计时间提前完成计划,提前多长时间,就可以往时间银行里存入多长时间,等到需要用时间的时候,就可以从时间银行里取出时间使用。

比如,如果孩子写作业这项任务预计 30 分钟完成,而孩子提前了 10 分钟完成,那么他就可以选择把这 10 分钟存入时间银行,等到他需要的时候再取出。比如,当孩子看自己喜欢的书籍时,如果时间到了还看不过瘾,他就可以把时间银行里的这 10 分钟取出来用于看书。同样的,他也可以把作业中途休息的 10 分钟存到时间银行里,在自由活动时间取出来。

虽然其中的原理就是再简单不过的节约时间,但是,我们利用"时间银行"把节约出来的时间效用放大了,因此孩子愿意为了多"存储"时间而专注于完成任务。孩子们都希望有更多自由玩耍的时间,家长们也乐于让孩子在完成分内任务之后去好好放松放松,因此基本上孩子们都会选择节约学习的时间,来延长自由玩耍的时间。这样,不仅孩子注意力集中的时间大大提升,也有利于亲子之间建立亲密合作的关系。

·第三节·
学习敷衍——不是无所谓，而是觉得自己不重要

孩子对待学习总是偷工减料、应付了事，包括生活上连洗澡、洗头、刷牙、洗脸都草草了事，能不洗就不洗，能不刷就不刷。家长们虽然被这类问题所困扰，觉得孩子缺乏责任心，但是又不知道其背后的根源心态，因此只是从行为上去约束孩子，天天唠叨，不仅让自己很烦，还每次都因为这些事情搞得亲子关系剑拔弩张。

孩子对学习、生活中的任务敷衍应付的根本心态，不是对这些任务无所谓，而是觉得自己不重要。在孩子心智发育的过程中，有两个非常重要的认知决定着孩子是否有对自己负责任的意识：①觉得自己重要；②觉得别人重要。

当孩子打心里觉得自己不重要的时候，就很容易放弃自我要求，因为他们觉得自己不重要，所以不会把和自己有关的任何事情看作重要的，也不会认真地对待自己。试想，谁会细心打理一块被扔在角落的抹布呢？

如果我们想要扭转这样的局面，就必须了解其成因。

我在讲孩子身心发展规律的那一节里阐述过：随着孩子自我意识的觉醒，他自主的渴望也会被激活。这个阶段如果发展顺利的话，孩子就能从自主感和胜任感中建立起第一个认知："我很重要"，并从父母的尊重和支持中建立起第二个认知："别人很重要"。

一个人只有知道自己很重要，才会有为自己负责任的意识；只有

知道别人很重要，才会有为别人负责任的意识。

强制服从让孩子认为自己不重要

在孩子自我意识发展的阶段，父母以孩子不听话为由强制孩子服从，通过成人与孩子力量和能力的悬殊，剥夺孩子的自主权和决策权，不但不能让孩子在父母的精心照顾下感受到自己很重要，反而会阻碍孩子"我很重要"这个认知的发展。父母打着为孩子好的旗号，强制孩子服从、听话，对孩子来说是有百害而无一利的，甚至可以说是对孩子的精神折磨。孩子连自己的自我意志都不能满足，为自己负责任就更加无从谈起了。

把自主决策权交还给孩子

家长从孩子的自我意识萌芽开始，就需要适当地给孩子决策权和试错的机会。家长要记得带着区分的思维来操作：让孩子自己作决策并不是放任不管，在孩子唱着"自己的事情自己做"的幼儿园小班阶段，家长就要开始有这个意识了。

在这个年龄段，孩子面对的基本都是小事，让孩子自己作决策也产生不了多大的不良后果。自己决定很小的事情就可以满足孩子的胜任感和自主感，让孩子在自主的过程中建立起"我很重要"的认知，是付出代价最小、实操又最简单的时机。有了"我很重要"的这个认知，孩子就会知道，要去认真地做自己的事情，要为自己负责任。这个年龄段的孩子虽然嘴上不会说，但是在潜意识里会认为：我很重要，我要爱惜自己的身体，牙要刷得干干净净的，东西要整理得整整齐齐的。

孩子行为问题的出现都是有滞后性的，比如，如果3～6岁家长控制、包办、代替孩子做事太多，就会阻碍孩子"我很重要"这个认知的发展，问题在 7 ~ 12 岁才会显现出来。家长只有提前做好功课，才可以花小精力养成孩子的好习惯。

给孩子试错空间

家长还应让孩子在体验中学习和试错。孩子人生的赛场只能由他自己去比赛，我们作为家长顶多是一个场外教练，无法代替他。每一场比赛无论输赢，我们能做的就是带着孩子总结复盘经验教训，调整心态。

帮助 6 岁以上的孩子建立"我很重要"的认知，最有效的方式就是让他为自己的决策付代价。

案例：

我们的学习群里，有个妈妈的孩子非常爱睡懒觉，妈妈什么方法都试过了，可孩子就是改不了这个毛病，每天起床都是一场亲子之间的恶战。这次暑假期间，孩子要参加一个全国性的舞蹈比赛，含金量很高，孩子为此苦练了差不多三个月，非常重视、在乎这场比赛。可比赛当天早晨，妈妈叫了三次，孩子还是起不来。这位妈妈心一横，决定不叫孩子起床了。等孩子从睡梦中惊醒，一看时间，才发现已经赶不上比赛了。孩子为此哭了一天，发脾气赌气，东西也不吃，半夜甚至悔恨到从梦中哭醒。妈妈也没有借机教训孩子自己负责的道理，只是陪着孩子。孩子自从付过这次代价以后，切切实实地体验到了"我很重要，我要重视自己的事情"，此后就学会了自己定起床闹钟，再也没赖过床。

付代价不是变相惩罚

有的家长会说："虽然我也让孩子付过代价，但是他根本不在乎。"原因在于，有的家长把付代价变成了变相惩罚，甚至在孩子付过代价后，还要借机指责埋怨孩子一通。这样，代价给孩子带来的自我反思以及暗暗下的决心，就被家长的事后教训抵消了。孩子不但体会不到"我很重要"，反而会产生逆反的心态。比如，有的孩子忘记带课本时，家长虽然会忙不迭地给孩子送课本，但送去课本后，又埋怨孩子："你总是这么粗心大意，自己东西不知道收拾好。"其实，无论是不送课本，让孩子去付代价，让他在代价中反思，明白自己要为自己做打算，还是送了就不要埋怨，孩子自己也知道自己麻烦父母了，从而反思自己，二者都可以让孩子感受到自己很重要。怕就怕家长一边让孩子付代价，一边批评指责孩子。

其实，孩子在发现课本忘带的那一刻，无论是和同学一起看一本，还是直接没有课本用，哪怕只是被老师瞪一眼，他都会开始自省，甚至暗暗下决心以后要认真整理和检查自己的东西，不要再犯。本来孩子已经开始意识到要为自己负责任了，可如果家长指责埋怨孩子一顿，那么来自家长的负面情绪就把孩子原本的自我反思抵消了："反正我都挨批评了，这事儿扯平了。"孩子的自我反思就会因此转变为无所谓。

家长要带着相信和善意的心态面对让孩子付代价这件事，因为试错也是孩子学习成长的一条路径。我们应在保障安全的前提下，让孩子去体会付代价，这样孩子才能通过付代价明白自己很重要，从而懂得要为自己做打算、负责任。

不替孩子解决问题

孩子一有事，家长就替孩子冲在前线的结果就是，家长跑断了腿，孩子却对此无所谓：

　　上课没听懂没关系，我妈会给我讲题的；课本没带没关系，我妈会给我送来的；和同学发生冲突没关系，我妈会打电话给老师的……家长不断地替孩子解决问题，恰恰是在用行动告诉孩子："你不行，你很弱。"这样，孩子就永远无法体会，他其实可以凭借自己的本事去解决问题，也就无法打心底里认同"我很重要"这个信念。

　　因此，家长不要一股脑地去替孩子解决问题，而是应鼓励孩子去思考解决问题的方法。孩子遇到问题，家长第一时间不要去帮助孩子善后，而是要问问孩子："你对这件事怎么看？你打算怎么办？"鼓励孩子去直面问题，去解决问题，就是让他体验"我很重要"的过程，就是培养孩子为自己负责任的意识的过程。

　　还记得本书前面的章节中提到的那个被家长鼓励去向老师要回文具盒的一年级小女孩吗？家长鼓励孩子面对问题，解决问题，其实就是让孩子学会对自己负责任的终极体现，也能够让孩子打心底里承认"我很重要"。家长们不要小看孩子，当他们打心底里认为自己很重要时，他们就能为自己的行为负责任，并且也能做负责任的事情。

　　孩子的心态转变了，行为上的问题也就迎刃而解了。

·第四节·
写作业情绪崩溃——不是耍赖，而是在挫败感中挣扎

很多孩子在写作业或者学习的时候，会突然情绪崩溃，比如数学题做不出来、字词写错，就开始哇哇大哭。大部分家长在向我描述孩子因遭受挫败而发脾气的状态时，都会这样补充道："虽然我能接受他学不会、做不到，但是我真的不希望他那么心浮气躁！"虽然家长们都希望培养孩子坚韧的品质，但是如果读不懂孩子坏情绪背后的心态，就难以真正地培养出一个坚韧的孩子。

挫败感背后的心态，其实是一个人对即刻成功的渴望。

孩子希望自己一学就会，不要出错；家长希望一说孩子就听，不要闹情绪。父母越是心急，越是想快速安抚孩子，渴望即刻成功的欲望越强烈，孩子的挫败感也就越强。

当对即刻成功的渴望得不到满足的时候，父母和孩子的挫败感就来了。孩子因为做错了、学不会而体验挫败感，家长则因为无法平复孩子的情绪，无法顺利辅导孩子完成作业而体验挫败感。无论是因为写错字而大发脾气的孩子，还是一旦在学习上遭遇挫折就哭闹发脾气的孩子，他们之所以有这些情绪的表现，并不是因为家长们所定义的"心浮气躁"。这些表现其实说明，孩子正在挫败感中挣扎。而与此同时，在挫败感中挣扎的，还有我们家长。无论是对孩子失去耐心发脾气的家长，还是面对孩子的情绪不知所措的家长，或是给孩子讲道理，希望快速平复孩子情绪的家长，其实都和孩子一样，正在挫败感中挣扎。

如果我们想要帮助孩子提升对挫折的耐受力，就必须提升我们自

身对孩子因挫败而产生的情绪的耐受力。

比如，当孩子因为记不住英语单词而哭着在地上打滚的时候，我们必须先让自己承受住孩子焦躁的情绪，以及无法即刻让孩子平静下来继续学习的挫败感，我们只有承受住双重的压力，才能帮助孩子去建立对挫败感的耐受力。

越包容孩子越能学会承受挫败感

我们越是能包容孩子在挫败感中的挣扎，他就越能在挣扎中学会如何应对挫败感。我们要给孩子时间去"折腾"，并在他情绪平复以后，抚摸着他的后背告诉他："我看到了你的上进心，也看到了你追求成功的意愿。只有不断追求成功的人才会体验挫败感，一个对自己没有要求的人是不会有挫败感的。我看到了你的挫败感，我更看到了你追逐成功的勇气。"

虽然这样做一开始会很难，面对情绪暴躁的孩子和越来越晚的时间，作为家长，你的挫败感也会越来越强，但请你带着觉察区分，用以上那句话给自己转念。你可以根据当下的育儿小目标去分清主次，这个小目标是：帮助孩子学会调节自己的情绪，而不是让他的情绪消失。你要带着发展的眼光支持孩子，只要过了这一关，孩子面对挫败时的韧性就会长出来。

我们不能在孩子小的时候要求他们顺从听话，在孩子长大以后又要求他们自信而果敢，这是行不通的。如果我们希望孩子长大以后能够遵循自己的本心，敢于说"不"，成为善良而有锋芒的人，那么我们就得把发脾气看作孩子内心健康发育的必要环节。

我们越是能在孩子经历挫败感的时刻给他空间，孩子就越能在自己的挣扎中开始学会接受挫败感，并且真正地意识到记不住单词很正常、解不出题很正常、字写错了很正常、在学习中犯错很正常，而不是急于求成，渴望一次就对、一做就会。只有孩子自己愿意承认"成功是一个过程"这一点，而不是从家长讲的道理里知道这一点，他才能学会忍受学习过程中产生的挫败感，继而愿意坚持去记单词、坚持去思考数学题、坚持去改正写错的字。

引发孩子释放情绪

很多家长都有过这样的体验：孩子在哭闹过后，或者在激烈的情绪平稳后，他们会重新回到可爱的"小天使"的状态，甚至完成作业的质量和效率会更高。这是因为孩子在把他因挫败感而产生的情绪完全释放以后，心情会变得轻松，哭闹等释放情绪的行为会像大雨一样，把他内心的负面能量洗刷干净。

因此有的时候，我们不一定非得引导孩子调整自己的情绪，当你发现孩子处于挫败感带来的情绪中，不断"作妖"的时候，其实就是孩子在向我们求助的时候。他需要一节点燃他情绪的引信，让他有机会把积压的情绪宣泄出来。当你捕捉到这样的信号时，可以停止安抚和游戏力引导，告诉孩子："我看到了，你现在需要帮助，作业就不需要完成了，此刻你需要好好地大哭一场。"你会发现，当你说完这句话的时候，孩子的情绪会如洪水般倾泻出来，这个时候我们只要保持平静，给孩子这个空间和时间释放就好。

面对挫败感这个课题时，家长训练自己内核的稳定很重要。我们如果能够耐心地看着孩子自己在学习中试错、探索、纠缠，而不急于指导他去快速学会，不急于去修正他的行为，不急于去告诉他正确的解决方式，允许他走弯路，允许他"浪费时间"，那么他就能耐心沉下心来练习，从而养成坚韧的品质。

· 第五节 ·
不愿认错——不是死犟，而是心理能量低

很多家长会为孩子犯错却不愿承认苦恼不已。当孩子做错了事时，家长告诉他，给他指正，他却不改，不但不肯承认错误，还对家长发脾气。比如，当家长看见孩子写字的笔顺不对时，只要家长告诉他笔顺错了，他就硬说："没错，老师教的就是这样。"即使家长搜出正确的写法给孩子看，事实就摆在眼前，他也不愿承认，不愿意改。有时当孩子和同学小朋友发生冲突，或者抢家里弟弟妹妹的玩具时，家长让他道歉，他反而会觉得委屈，或者一副宁死不屈的样子，既不肯道歉也不认错。

一说起这个问题，大部分家长的反应就是："这是什么毛病？要怎么治呢？"请家长们先别着急给孩子定性，也别只看孩子表面的行为。一被指正错误就发脾气，孩子这种看似自大自负的行为背后是有原因的。不是这个孩子性格冥顽不化，也不是他故意和你作对，而是他的心理能量太低。

心理能量低的原因

孩子心理能量低有以下两个方面的原因：

第一个方面的原因，是孩子缺乏胜任感。胜任感可以让孩子的内在有力量，只有他内在有力量了，才会虚心地面对自己的错误，从而愿意去改正错误。而如果孩子内在的力量不足，他就会变得自负，试图用情绪来掩盖自己的错误。在这种情况下，家长如果指正孩子的错

误，孩子就会拒绝承认错误并发脾气。

第二个方面的原因，是孩子的认知偏差。因为孩子对犯错的认知是："我错了＝我不好＝我没有价值"，所以孩子潜意识中的逻辑就是：如果我承认我错了，那么我就是不好的，我就是没有价值的。这就是家长让孩子认错或者改错时，他不愿承认错误，不愿道歉的原因。

大家发现没有？虽然孩子的行为看似很简单，但是其背后的心理机制还是复杂的。我们当然可以通过责骂和惩罚，逼迫孩子认错、道歉，可如果你不转变孩子内在的状态，那么强制孩子认错道歉，就是逼着他自我否定，孩子会陷入深深的无力感和无助感中，孩子的自我认同会被破坏。没有人会愿意去自我否定，为了避免自我否定，孩子就会开启潜意识中的防御机制，要么变得逃避责任、推卸责任，要么干脆不去做事，开始"摆烂"。

那么是不是孩子犯错了，家长也不能管，不能教育了呢？当然不是。我们作为家长，得先调整孩子内在的心态，只要孩子内在的认知和心态转变了，他对待错误时的行为也就转变了。

带着能量给正反馈

家长要多给孩子正反馈，而不是总盯着他的错误。

哪怕孩子今天只有一个字的笔顺写对，家长也要给他正反馈："这个字这么复杂，你笔顺都写对了，说明你用心记了。"

只要有一次他不抢弟弟妹妹的东西，不把弟弟妹妹弄哭，家长就给他正反馈。

看到这里，我知道很多家长又要有疑惑了："我也经常夸孩子、鼓励孩子，可是没用，让他改正错误时，他还是不愿意改。"

为什么有的家长即使这么做了也没用？因为这些家长的能量不对。这些家长在夸孩子、鼓励孩子时带着搞定他的目的。当他们给孩子正反馈时，他们就是希望孩子改正错误，就是希望孩子把东西还给弟弟妹妹，他们的内在还是处于不相信孩子的状态。这种家长最典型的想法就是："如果我给了正反馈，他还是不改，该怎么办呢？"但凡你作为家长有这样的想法，你就处于我说的那种"拧巴"的状态。只要你口是心非，你传递出去的能量就是"拧巴"的，孩子只是年纪小，不是傻，只要你的能量状态不对，孩子就无法从你的反馈中获得能量。

因此，我们家长要时刻带着觉察，看看自己心里是不是已经下意识地有了负面的预设：孩子就是一个"犟种"、孩子就是要和弟弟妹妹争宠、孩子就是故意和父母作对……

如果你相信孩子会自我调整，那么你就不会有"万一他还是不改"的担心，你就会若发现一次正反馈不足以让他有能量，就给第二次、第三次、第四次，乃至第一百次……因为你就是相信孩子是上进的，他是会自我调整的。只有你的能量对了，你才能把这些能量传递给孩子。孩子接收到了这些能量，内在才会有力量，他内在有力量了，也就有勇气面对错误和修正行为了。

帮助孩子转念，一体多面地看待问题

一体多面地看待问题，家长不仅自己要学会，也要把它教给孩子。

作为家长，你为什么害怕孩子犯错？当孩子犯错时，你为什么执着于让他认错？这是因为在潜意识里，你有这样的认知："孩子犯错了＝我不是个称职的家长"。因此很多时候，当孩子犯错了时，你张口就是："我有没有和你说过……"这句话对应的潜意识信念是什么？是和孩子撇清关系，声明孩子的错误和你无关。因为在你的潜意识信念里，你认为"孩子错了＝我不是个称职的家长"，你也不愿意这样否定自己，所以你急于证明自己是个称职的家长："我和他说过了，是他不听。"你只有把这个信念转变过来，才能支持到孩子：即使孩子犯错了，我也是个称职的家长；即使孩子做得不好，我也是个好妈妈；即使孩子成绩不理想，我也是个负责任的家长，我在努力提升自己，我在进步——这就是一体多面思维。

转变孩子的思维也一样：即使这道题做错了，你依然是个好孩子；即使你把弟弟妹妹弄哭了，你依然是好哥哥或好姐姐，就像妈妈上班的时候虽然会开小差，但是妈妈依然是一个认真对待工作的人。

我们有过太多被以偏概全的经历，只因一个失误就被全盘否定的经历，导致我们形成了这样的固定思维。当我们开始觉察到自己的问题时，就已经成功了一半，而我们要去达成的后一半就是帮助孩子转念，带着孩子也习惯一体多面地看待问题和错误。这样，他就能客观地看待自己的错误了。

·第六节·
讨好小朋友——不是软弱，而是不配得感

在孩子的人际关系中，有一种比孩子交不到朋友还让家长揪心的情况，那就是孩子讨好别的小朋友。

比如，当孩子和小朋友一起玩捉迷藏时，别人老让他当鬼，虽然他心里觉得不公平，但是因为怕别人不带他玩了，所以忍着不舒服继续玩下去。或者是孩子在一个小团体中，总是那个被使唤的人，虽然孩子无法在人际关系中获得平等对待，但是因为怕同学不喜欢他，孩子不仅会忍受被使唤的现状，甚至会主动讨好小朋友，把好吃的、好玩的都带去给小团体中的其他孩子。

如果你家孩子在人际关系中有类似这样的迹象，那么你只是告诉他"不要和这样的朋友玩"是没有用的，这不是家长从行为上约束孩子就可以转变的。我们需要从心态上帮助也转变，因为孩子在人际关系中的讨好行为，其实来源于孩子在家庭关系中习得的不配得感。

我知道，看到这里，你心里肯定有疑惑：孩子在家里也是个宝，何来不配得感呢？

这里有一个经常会被家长忽略的关键点，就是许多家长说出口的语言和他们心里的真实想法是错位的。

举个例子，当你和伴侣正在组装孩子的书柜时，你们又是研究说明书，又是拼接书柜，忙得满头大汗。孩子对此很兴奋，也很好奇，一会儿拿起子，一会儿又摆弄螺丝。你对孩子说："去别处玩，爸爸

妈妈装好了书柜再叫你。"孩子却因为兴奋，难以控制自己的好奇心，不小心把一块板子撞倒了，差点砸到自己。你急得大声地吼孩子："快走开，不要在这里给我添乱！"就是在这里，你的想法和表达出现了错位。

其实，你心里真正想的是："我担心你会受伤"，可你表达出来的却是："你很碍事，很多余"。孩子接收到的信息也是：我很碍事，我很多余。这种表达方式在对表达感情格外含蓄的东亚父母身上特别明显，而它带来的问题又经常被忽略：这是孩子产生不配得感的原因。

表达错位导致孩子有不配得感

当孩子生病时，作为家长的你明明是心疼他，说出口的却是："叫你不要吃垃圾食品，这下生病了吧？"

孩子回家晚了，你明明是担心，说出口的却是："你还知道回来呀？！"

孩子想帮你打扫卫生，你心里是欣慰的，说出口的却是："好啦，好啦，你去玩吧，我自己做还快一点。"

家长这样想法和表达错位的次数多了以后，孩子就会产生不配得感，他会觉得：一定是因为我不够好，不够重要，所以不值得被关注，不值得被尊重。孩子的人际关系是其家庭关系的投射，他的不配得感就外化成了讨好的行为。

那家长怎么做，才能转变孩子在人际关系中的讨好行为呢？

改变错位的表达方式

如果父母习惯性地用这种错位的表达方式，那么一定要改变这种做法。

我相信，你作为家长一定不是故意这样对孩子说话的，只是不自觉地就成了自己父母的样子。有的时候，你在情绪的影响下也会言不由衷，因此你自己要区分清楚自己的"初始情绪"和"次要情绪"。初始情绪就是人心里原本的情绪，比如在装书柜的例子中，虽然家长的初始情绪是担心孩子受伤，次要情绪才是烦躁，但是家长表达出来的只有烦躁，而孩子听到的则是嫌弃。你看，小小的表达错位，造成了多么大的理解误差！

孩子生病了，家长的初始情绪是心疼，次要情绪才是埋怨，可他们表达出来的是埋怨，孩子接收到的情绪则是不在乎。

因此，家长要学会真实地表达自己的初始情绪，不要下意识地制造这样的表达错位。我们家长和孩子又不是在演电视剧，请"打直球"，表达对孩子的关心，让孩子知道自己很重要，爸爸妈妈很在乎他、很爱他。

教会孩子做区分解码

如果不是家长，而是家里的老人有这样的表达习惯，那么家长就要教会孩子去"解码"。比如，当孩子想帮忙时，老人却说："你帮什么忙？你不添乱就是最大的帮忙。"

这时，我们作为家长，就可以引导孩子解码老人的情绪："你觉得奶奶真正想表达的是什么？"如果孩子年纪小或者回答不上来，我们就可以给孩子几个选项：A. 不喜欢和你一起干活；B. 担心你受伤或者累着；C. 觉得你干得不好。

因为老人的错位表达而产生不配得感的孩子，很可能会选 C，对吧？那么我们就可以让孩子去验证一下，鼓励孩子去询问老人，或者帮助孩子询问："奶奶，你是觉得我干得不好吗？"这时，老人肯定是会否认的。这时，孩子就可以接着问老人："那奶奶是不喜欢和我一块儿干活吗？"老人着急了，就会明确地向孩子解释："哎哟，那更不是了。""那你是担心我受伤或者累着？"老人就会说："对，小孩不用干活，玩去吧。"

一遇到这样的情况，家长就可以带着孩子做区分。如果老人虽然难以改变固有的交流方式，但确实是爱着孩子的，家长就可以私下带着孩子"解码"老人的情绪。渐渐地，孩子即使听到这样的话，也不会觉得自己没用、没价值了，其自信也会慢慢地回来。

鼓励孩子敢于表达

当孩子从家庭关系中重新建立起配得感后，我们就要鼓励孩子去勇敢地表达自己的想法。

虽然孩子可能会对此有很多担心，但是他们一旦在父母的支持下跨过了这道坎，就会对建立平等的人际关系有更充足的信心。

请大家看一个在人际关系中习惯性讨好的孩子的案例。

案例：

这个孩子在重新建立起配得感后新交了一个朋友，那个朋友让他回家后去看某部动画，好让他们第二天一起玩的时候可以扮演里面的角色。孩子看了一会儿那部动画，虽然并不感兴趣，却还强迫自己看。

妈妈对孩子说："你不想看这部动画的话，可以换别的。"

孩子说："如果他问我，我该怎么说？"

"你可以告诉他你对这部动画不感兴趣。"

"那我们就不能一起玩了。"

妈妈感觉到孩子对此很担心，于是鼓励孩子打电话和对方沟通，如果表达不清楚，可以由妈妈代说。在家长的鼓励下，孩子拨通了朋友的电话。

朋友一接起电话就问："你看那部动画了吗？"

孩子说："只看了一半，可是我不想看了。"

对方停顿了一下，问："为什么？"

孩子说："我觉得它有点无聊，我不是很感兴趣。"

"那我们明天就没办法玩扮演游戏了。"

"我们可以玩'动物农场'或者是'狗狗家园'。"

对方欣然同意了。挂掉电话以后，孩子非常惊喜：原来表达出自己想法的结果并没有那么糟糕。妈妈也抓住时机给孩子信心，告诉孩子他表达得好极了，既表达了自己的想法，又提出了新的方案，表现得非常完美，以后遇到类似的情况，就可以这样和对方说。孩子也通过实践发现，让对方知道自己的想法是很好的沟通方式，也更有利于双方相互了解，于是慢慢地，他开始敢于表达自己的想法。

教会孩子直面冲突

好的关系一定是双方双向奔赴的。如果孩子勇敢地表达了自己的想法，对方却选择不理会或者恶言相对，那么说明这个朋友并不是真正的朋友。家长可以告诉孩子：既然对方都不尊重你了，也就不必去维持这段关系了，不要害怕冲突，曲意迎合并不能维持长久的关系，只有做真实的自己，才能让自己交到能相互尊重欣赏的朋友。不要忘了告诉孩子，他值得更好的朋友。

·第七节·
非暴力不合作——不是消极抵抗，而是维护自尊

很多家长苦恼于这种情况：自己和孩子老是在"不发火，他就不行动"的怪圈里反反复复地转圈圈。甚至有的时候，家长已经暴跳如雷，孩子却僵在那里一动不动，非要等家长要惩罚他才按家长的要求去做。这种非暴力不合作的态度，从行为层面上看是孩子在消极抵抗，而其背后的心态其实是孩子在维护自己的自尊心。

渴望自我价值感

我们都知道，6 岁左右的孩子自我意识开始觉醒，他不仅能够清晰地意识到自己是一个独立的个体，有自己的想法，有自己的意愿，更会通过外界的评价去判断自我的价值。

自尊就是自我价值感的一种体现。随着年龄的增长，孩子对维护自己自尊的需求也是不断增长的。

因此，作为家长的你会发现，从五六岁开始，孩子就会维护自己的面子了。

在我们家长的生活中，和孩子发生冲突最多的时候，无疑是辅导孩子做作业的时候。孩子休息的时候还活蹦乱跳的，到写作业的时候就没精神了。这种时候，有句话我们几乎会脱口而出："怎么你一学习就无精打采的？赶紧打起精神来。"

你会发现，当这句话说出来时，孩子并没有打起精神，反而会僵在那里。这时，孩子的不行动就是在维护自己的自尊：如果他立刻改

正了问题，就证明他确实有你说的这些问题，这会让孩子感到面子上下不来。因为语言发展有限，孩子没有办法像我们成年人一样给自己找个台阶下，所以只能僵在原地。父母如果忽略了孩子内在的自尊需求，只看到外在的行为表现，孩子这样的行为在父母眼里就变成了学习态度有问题、消极抵抗、挑战父母的底线，继而让父母情绪升级，开始责骂孩子。

这样一来，事情的结果往往是大人情绪爆发，孩子则只能放下尊严接受惩罚。亲子双方两败俱伤，而下一次遇到类似的情况时，又会进入这个循环。

教育家苏霍姆林斯基说：**"孩子的尊严，是人类心灵里最敏感的角落，保护孩子的自尊心，就是保护孩子的潜在力量。"**

如果你要打破这个非暴力不合作的循环，就不要去击穿孩子的自尊，而是要让孩子获得自我价值感。

让孩子去创造

回到前面孩子一学习就无精打采的情况中来：我们该如何让孩子获得自我价值感，从而去行动呢？很简单，就是引导他去创造。比如，我们可以问孩子：

"你能想到 3 个快速搞定这 5 道计算题的方法吗？"

或者，我们可以加入一些游戏力引导来提升孩子的兴趣："啊！警报警报，妈妈机器人电量低，马上就要进入傻子模式，请小小智能机器人，帮助妈妈机器人手动输入今天的知识点，首先是数学的计算知识，总共有 5 道题目，请在 10 分钟以内输入完毕，准备好了吗？开始……"

这样，孩子一定能高高兴兴地拿起笔开始写作业了。解决问题，就是自我价值的体现，任何孩子都希望自己在家长的眼里是闪闪发光的。

面对其他孩子为维护自尊非暴力不合作的问题，家长也可以用让孩子获得自我价值感的方式解决。我给家长们总结了三种让孩子获得自我价值感的方法：

（1）给他创造的空间，可以参考上文的案例。

（2）让孩子帮助你。比如，当我们需要安静，而孩子却在吵闹时，过去我们可能会这样说："你就不能安静点吗？一点都不懂得尊重别人！"而现在我们可以把这句话换成："你可以帮妈妈把自己调成静音模式吗？我会非常感谢你为我做的这件事情。"

（3）让孩子有使命感。比如，当孩子把房间弄得乱七八糟时，过去我们总是抱怨："东西是从哪里拿的，就要放回哪里，你怎么总是记不住呢？"现在我们可以换成："呼叫银河护卫队，这里有很多玩具需要护送回家！"

我们教育孩子，不是为了让孩子屈服于我们，而是为了让孩子在配合我们教育的过程中获得成长。家不是讲等级权威的地方，而是彼此温暖的港湾。请家长放下树立家长权威的想法，不要用牺牲孩子自尊的方式去维护自己的权威。

总　结

孩子并不是缩小版的成年人，他们的认知有符合其年龄阶段的特点。家长们切忌想当然地认为："他都这么大了，他应该会……了。"事实是，孩子的成长没有所谓的"应该"。过去，我们因为对孩子的认知发展规律不了解，对孩子带着很多偏见和误会。在孩子认知发展的这条路上，我们不仅是引路人，更是他们最坚强的后盾。"我是谁""我能做什么"是他们自我价值实现的起点。在孩子尚未成熟的世界观里，父母对他们的态度，就是他们评价自己的尺度。当我们能够静下心去探寻孩子的内心世界时，我们才真正地看见了我们的孩子，也看见了我们内在的那个小孩，为彼此搭建起了一座穿越时空的桥梁。你不止是在维护你的孩子，更是在维护那个年少的自己。

第三部分

高自我认同
孩子自驱的土壤

第六章 高自我认同
孩子自主学习的地基

过去教育孩子的误区

在读这本书之前，很多家长认为孩子无法自律、无法自主学习，老是要家长盯着、催着、吼着才会不情不愿地去写作业，是因为学习态度有问题，所以需要让孩子端正学习态度。当家长们对此深信不疑，并且深陷于这种思维中时，就会执着于解决孩子的"态度"和"习惯"的问题。于是，他们找了很多方法来搞定孩子，用了很多手段来教育孩子，把所有注意力都放在了修正孩子的行为上。

其中，最典型的方式之一就是利用奖惩制度教育孩子。这个已经被教育学证明是弊大于利的方式，现在依然被很多父母奉为圭臬，认为孩子做得好就奖励、做错了就惩罚是理所应当的。殊不知，这样的做法不仅会拉低孩子的自我认同，还会给孩子塑造不良的信念体系和价值观。

除了奖惩制度外，还有威胁、情绪化、用套路欺骗孩子等教育方式，我称之为"低维教育"。低维教育都有一个共同的特点，就是以父母为主体，旨在快速搞定孩子。通过本书前面两部分的学习，你会发现这些教育方式都是不可持续的，甚至是损耗孩子心智的。如果你运用低维的教育方式，那么你管得越多，孩子的表现就越糟糕。

高维育儿

我们想要培养真正优秀的孩子，一定要在培养孩子的高自我认同上用功。我们希望孩子有上进心、有好的学习习惯、自觉、自律、自驱，这些都是孩子外在的行为表现，而在这些表面行为的背后，有一种你看不见、摸不着的心理机制，这种心理机制叫作高自我认同。

高自我认同带来自律。

培养孩子高自我认同的信念体系，才是真正高维的育儿理念，才是可持续的教育方式。

高自我认同是孩子自主学习的地基，它就像肥沃的土壤，只要是健康的种子，播撒下去后都会自然而然地生根发芽、苗壮成长。如果孩子自我认同高，他面对学习就是主动的，面对困难就是积极的；而低自我认同就像贫瘠的盐碱地，再贵再好的种子播撒下去，也很难在其中生根发芽。如果孩子自我认同低，他面对学习就必然是被动的，面对困难就必然是逃避的。你会发现，当孩子没有高自我认同时，即使你想帮助孩子进步、想要帮助孩子提升，也无从下手。

因此，孩子无法自律，不能自主学习，不是因为学习态度有问题，而是因为缺乏高自我认同。如果缺乏高自我认同，孩子的学习效果就是打折扣的。因为孩子对成为那个更好、更强的自己没有渴望，所以自然就没有主动成长的意愿。

强者思维

强者之所以为强者，不是因为他们的能力很强，而是因为他们具有高自我认同。强者对成为那个更好的自己有着深深的渴望，这种渴望就是高自我认同带来的对实现自我价值的渴望。而绝大部分人都没有这种思维，只考虑自己的感受，只要自己感到难受了、不高兴了，就因此止步不前了。孩子最开始也只有这样的思维：因为学习让他们不高兴、不喜欢，所以他们开始抵触学习。而孩子这种思维的外在表现，就是没有学习动力，因为他既看不到学习可以让自己变强这件事，也没有实现自我价值的渴望。而高自我认同能激活一个人对变得更好的渴望，当他渴望变得更强、更好时，自然就会去约束自己。

因此，高自我认同是让孩子通往自律自驱的唯一路径。

·第一节·
高自我认同带来自律，低自我认同带来自暴自弃

要明白高自我认同是如何带来自律的，我们需要先了解什么是自我认同。

自我认同在心理学里又叫自我同一性，指个体对自己的身份、特点和价值的认同和接受程度。 简而言之，自我认同就是一个人打心底里对自己的看法："我是一个……的人"，这就是一个人的自我认同。

那什么是高自我认同？一个人对自己积极正面的评价和信念，就叫作高自我认同。比如"我是一个勇敢的人""我是一个自信乐观的人""我是一个负责任的人""我是一个说到做到的人"等，都可以称为高自我认同。

与之相对应的是低自我认同。什么是低自我认同？它和高自我认同相反，是指对自己负面消极的评价，比如"我是一个胆小懦弱的人""我是一个没用的人""我是一个废物"等，都是低自我认同。

高自我认同带来自律，低自我认同则带来自暴自弃。

自我认同是如何形成的？

自我认同的形成有三个关键因素：第一，成果；第二，对自己的看法；第三，外界反馈。如果我们因为做了一件事而得到一个成果，然后这个成果让我们对自己产生了一个看法，外界的反馈又强化了这个看法，以此循环往复，这个看法就会逐渐被我们内化，最终变成我们的自我认同。

"好的成果＋对自己好的看法＋外界正反馈＝正面的自我认同"，这个过程不断循环内化，就形成了高自我认同。

"坏的成果＋对自己不好的看法＋外界的负反馈＝负面的自我认同"，这个过程不断循环内化，就形成了低自我认同。

举个例子：一天孩子打针时忍住了疼痛没有哭，这是一个结果。因为这个结果，他心里对自己有了一个看法：我很勇敢，我没哭。然后护士也夸他："你是我见过最勇敢的小朋友。"妈妈也夸他："宝宝真是勇敢，妈妈真为你感到骄傲。"

这时，孩子的心里就被种下了一颗种子，叫作：我很勇敢。

又一天，孩子在小区里看到一个大孩子欺负他的小伙伴，于是他鼓起勇气，赶走了欺负人的大孩子，这是一个结果。小伙伴对他说："你好勇敢！你救了我！"孩子回家和妈妈说："妈妈，我今天救了我的小伙伴，有大孩子欺负他，我把大孩子赶走了。"听完后妈妈夸他："你见义勇为，真是一个勇敢的孩子。"这些外在反馈又会强化孩子"我很勇敢"的这个认知。

以此类推，孩子不断地在这类事情上得到结果，不断地加强对自己"勇敢"的认知，并被家长的反馈强化和放大这个认知。随着时间的推移，"我很勇敢"就会内化为他的自我认同。他会认为："我是一个勇敢的人"，然后以此为自己的行为准则。以后在遇到困难的时候，他就会用"勇敢"去要求自己。比如，遇到困难想要退缩的时候，这个自我认同就会发挥作用，让他选择迎难而上，而不是懦弱退缩。

同理，如果一个人的自我认同是："我是一个负责任的人"，那么这个人就不会去做一些轻率、不负责的选择，因为他做所有的选择和决定都是以"负责任"为大前提的；如果一个人的自我认同是："我是一个说到做到的人"，那么他对待承诺的态度一定是说话算话，而不是信口开河；如果一个人的自我认同是："我是一个废物"，那么他面对生活，一定是自暴自弃、破罐子破摔的。

低自我认同带来自暴自弃

刚出生的孩子是几乎不可能出现低自我认同的。虽然刚出生的婴儿非常脆弱，又毫无自主能力，但是他们依然会觉得世界就是围绕着自己转的，因为他们饿了马上就会有奶喝，冷了马上就会有被盖，受到一家人 24 小时的无微不至的照顾。在一个正常的家庭中，婴儿阶段的孩子几乎不会形成低自我认同。

然而随着孩子的成长，家长就会把自身的很多潜意识信念投射在孩子身上，无意识地攻击孩子，让孩子形成低自我认同。

比如，当你某天带孩子去参加同事的婚礼时，孩子因为进入了一个陌生的环境，暂时无法适应，所以躲在你身后，不肯和人打招呼。你觉得孩子的表现很没有礼貌，觉得别人会认为你没有教育好孩子，你为了缓解尴尬，只好和别人说："这孩子，太胆小了。"这是一个结果，孩子因此对自己产生了一个看法："我很胆小。"外界的反馈又强化了这个看法，让孩子形成了对自己的负面认同："我很胆小。"第二天，当孩子到公园去玩滑梯时，因为来玩的孩子越来越多，孩子不小心被另一个孩子撞倒，于是哇哇大哭起来。你让对方道歉，可对方既不承认，对方的家长也不干预，因此你也不能拿他们怎么样。没有获得道歉，孩子哭得更凶，导致你潜意识的信念被激活，觉得自己没有看好孩子，而孩子一直哭个不停，也让你觉得很丢脸，于是你生气地对孩子说："被欺负了也只会哭，真是胆小！"这个事件又强化了孩子的信念："我很胆小。"类似的结果不断发生，"我很胆小"的想法叠加以后，孩子遇事其实就会有退缩的情绪了。这种情绪继而让孩子做事遇到更多不好的结果，给孩子带来更多对自己不好的看法，来自外界更多的负反馈也不断累积，逐渐让孩子形成"我是一个胆小的人"这样的低自我认同。于是，孩子面对任何人、任何问题，都会表现得胆小，最后，他会因此放弃做任何尝试。

自我认同就好比"人设"

自我认同也可以简单理解为"人设"：高自我认同就是正面的"人设"，低自我认同就是负面的"人设"。

正面的"人设"会让一个人约束自己的行为。

比如，一个明星或公众人物，虽然私下可能有抽烟等不好的习惯，但是在出席活动或某些公众场合的时候，他们无论多想抽烟，都会克制自己，让自己以一个最好的形象面对大众，以便维护住自己的"人设"。

高自我认同的作用也是类似的：当一个人打心底里认为自己是一个勇敢、负责任、说到做到的人的时候，这个自我认同就会驱使他们去做符合这个"人设"的事情，约束他们的行为。

因此，高自我认同带来自律，低自我认同带来自暴自弃。这是自我认同如何影响一个人行为习惯的底层逻辑。孩子外在的行为，是他内在自我认同的反映。有什么样的自我认同，就会有什么样的行为。明白了这个原理之后，家长就会明白，当孩子出现行为偏差的时候，只盯着孩子的行为去修正，意义是不大的。改变孩子的行为，要从孩子的自我认同上开始调整，孩子的自我认同提高了，相应的行为也会改善。

根据孩子的心理发展规律，培养孩子的高自我认同是有一个黄金期的。

3 ～ 12 岁是培养高自我认同的黄金期

这个阶段，孩子的自我意识开始萌芽并觉醒，虽然他开始有自己自主的意识，但是对父母还是很依赖、很信任的，因此这个阶段是给孩子植入高自我认同的最佳时间。

过了这个阶段，培养孩子的高自我认同也不是不可能，只是难度会加大，一是因为 12 岁以上的孩子要开始逐渐脱离父母，为社会化做心理建设，所以不一定会听父母的；二是因为此时孩子的独立意志也比前一个阶段更强，其价值观和信念体系也趋于成型，因此培养难度是翻倍的。

孩子成长的"代码"其实是已经写好的，我们家长就像导航仪一样，只需要给孩子的成长指出正确的方向就好。至于成长的路径还是得孩子自己走，人生的方向盘还得是孩子自己来把握。

导航仪既不可能站出来替司机开车，更不可能因为司机拐错了一个弯，就指着他骂，导航仪只做一件事情——"已为您重新规划路线"。

无论司机怎么走，导航仪是不是都会坚持把他引导到目的地？我们作为家长，作为孩子的"导航仪"，也是一样的，我们要做的就是看着教育的大目标，顺应孩子身心发展的规律，去指引他到达目的地，而不是替他"开车"。

作为"导航仪"，我们要帮助孩子拐的第一个弯，就是建立高自我认同，为未来他能够拥有健全的人格以及自我管理的能力打好基础，为他的心智体系筑起一道护城河。

·第二节·
如何培养一个具有高自我认同的孩子

我们已经知道了高自我认同带来自律的底层逻辑，那么作为家长，我们该如何培养孩子的高自我认同呢？

说到做到的信念植入

家长要给孩子植入的第一个高自我认同就是"说到做到"，让孩子打心底里认为"我是一个说到做到的人"。

说到做到的信念，是高自我认同的基础。只要这个基础打好了，其他的高自我认同信念，比如负责任、勇敢、自信等就像是主干上的分支，可以以同样的方式在父母的正反馈下逐渐形成。

根据我 15 年的家庭教育指导经验，我总结出了一套实操性强、可落地、成体系的方法，即"计划说到做到"。

我知道，虽然有很多家长已经带着孩子做过计划，但是"计划说到做到"看似平平无奇，里面却大有文章。学习教养孩子也和学习任何一门技术一样，需要师父带，因为其中有很多门道，差之毫厘，谬以千里。

家长们对于儿童行为心理学和人格心理学缺乏系统的认知，以及对作计划存在很多思维误区，导致家长们带着孩子做的计划难以实施：有对计划的理解"跑偏"的，有根本没有抓住重点的，有想当然的……可谓问题重重。

比如，有的家长自己给孩子定计划，要求并监督孩子去完成，这就把"计划说到做到"变成了"让孩子完成家长的指标"。这样一来，孩子哪里会有动力？过不了几天，孩子就完全"摆烂"了。再比如，有的家长用物质奖励忽悠着孩子定计划和完成计划，最后发现孩子的筹码变得越来越高，自律没培养出来，讲条件倒成了一把好手。

以上这些都是家长们自以为是、想当然的错误操作。

系统之所以重要，就是因为它能够把知识体系串联起来，形成一套完整的认知，帮助我们以理论体系为基础，去判断什么方案是可行的，什么方案是错误的。

因此，请大家还是耐着性子，跟着我把"计划说到做到"的体系一步一步学扎实，只有知其然并知其所以然，运用起来才能得心应手。

计划说到做到为什么可以培养孩子的高自我认同？

高自我认同的三个条件分别是什么？**好的成果 + 对自己好的看法 + 正向反馈**。这不是单纯的表扬鼓励这么简单，我们不是给孩子搭空中楼阁，而是在孩子的心上做功，一切信念都要建立在成果之上。

有的家长在了解了高自我认同的原理以后，就会想到：那我不用计划说到做到，我通过平时在生活中多放手，多让孩子通过自己的努力和实践来拿到成果，然后给孩子正反馈，帮助他塑造高自我认同，是不是也是可以的？这当然是可行的。运用生活中的自然成果，也可以塑造孩子的高自我认同。美国心理学家埃里克·埃里克森所提出的高自我认同和自律之间的关联，其实也是在长期观察大量儿童在自然成果中的心理变化时发现的。然而，想要通过自然成果来培养孩子的高自我认同，家长们会面临三大难关：

一是发生的事件难以把握，因为孩子生活中事件的发生是非常偶然和随机的，比如，虽然孩子这次打针没哭，但可能他下次打针就会哭；二是培养孩子高自我认同的时间线会拉得非常长，如果是可预见的成果，比如学习弹钢琴，孩子要拿到一个成果，暂且不说考级通过或者登台表演，就是完整地弹出一首曲子，是不是也是需要练习一段时间？那很有可能孩子在还没有拿到这个成果的时候就放弃了，或者是在父母的逼迫下才拿到这个成果，那么孩子也并不会因为取得了成果而对自己有好的看法；三是因为家长们并不是研究儿童行为心理学以及社会心理学的专业人士，所以通过生活中的自然成果去塑造孩子的高自我认同的难度会非常大。

因此，我们要运用"列计划，并说到做到"来培养孩子的高自我认同，这种做法有两大优势：

第一，最重要的三件事：可控、做什么、预计有什么成果，家长都能心里有数；

第二，反馈及时：孩子每天都会看到成果，每天都会形成对自己的好的看法并获得正向反馈，这样可以大大加速孩子高自我认同的信念成型。

这里要特别提醒家长们做一个区分：正反馈≠夸奖。很多家长会疑惑：虽然我平时也没少夸奖和表扬孩子，但也没见孩子拥有高自我认同呀？其实，夸奖和表扬是基于孩子做了符合某种标准的事情，我们家长以上位者的身份给予孩子的肯定，希望孩子继续做符合这种标准的事情。也就是说，夸奖和表扬是基于孩子的行为的，因此无法塑造孩子的高自我认同。比如，孩子某天主动收拾了自己的房间，你夸奖他："你真勤快！你真棒！"这就是夸奖，出发点是希望孩子继续做这个行为，是基于我们家长的期望和标准的。它给孩子建立的认知是："我做这样的事情会让爸爸妈妈很开心"，而不是"我是一个什么样的人"。建立在行为上的夸奖和表扬，会让孩子过度追求获得认可所带来的优越感，而逐渐忽视客观事实和成果，脱离现实和自身实力看待自己，从而变得自傲自负。

而正反馈是基于孩子人格来给孩子的肯定，是以孩子人格为主要对象的，而不是根据孩子做出符合标准或者父母期待的行为给出的肯定，因此孩子能够从中更多地感受到来自心灵的力量、对自我人格的认可，以及自我价值的实现，即"我是谁"。同样是孩子收拾了自己的房间，正反馈是："你主动把房间收拾干净，你是一个对自己有要求的人。"因为正反馈强化的不是外在的标准，而是内在的自我认同，所以更能助力孩子塑造高自我认同。

计划说到做到具体怎么正确操作？

首先，无论你过去有没有带着孩子做过计划，**一切清零**，踏踏实实地从重要三件事的说到做到开始。

什么是重要三件事？

就是孩子认为每天对于他来说最重要的三件事，对于他来说他最想做的三件事。如果孩子每天都有不重样的重要三件事，那么需要你每天和孩子一起做计划，把它们记录下来并执行；如果每天都是相同的重要三件事，那么写一遍就好，并按照记录去执行。计划是写重复的还是每天变化并没有统一标准，根据孩子的习惯和喜好来就行。重要三件事可以在头一天睡觉前，或者第二天早晨确定，不能在孩子想到什么时临时决定，一定要让孩子把重要三件事提前定好，然后按照计划去完成。

幼儿园大班的孩子或者小学低年级孩子如果不愿写字，也可以用简笔画代替，比如画本书代表阅读，画个足球代表玩，画支笔代表写作业。

　　看到这里，我知道你已经摩拳擦掌、跃跃欲试了，然而不要心急，做这件事没有你想的那么简单，其中有很多小细节需要注意。重要三件事的执行有六大关键点，操作实践时一定要严格按照这六大关键点来执行，否则就难以通过重要三件事培养出孩子的高自我认同。

第七章 培养高自我认同的六大关键点

　　培养孩子的高自我认同并不是一堂速成课，更不是关于如何提升孩子自信的方法论，它是一场父母与孩子的共同修行，是一场双方自我能量的感召。在这一章中，我将带着大家从六大关键点去逐步实现孩子高自我认同的养成。这是根据我指导 4000 多个家庭的实操经验总结出来的完整体系，里面的每一个细节都凝结着失败的经验，以及成功的路径。因为我深知这一路的坎坷，所以这六大关键点，大家一定要仔细学习，严格把握细节，在操作中切忌想当然，并且要时刻带着自我觉察和区分来实行，才不容易偏离目标。

　　高自我认同并非孩子与生俱来的天赋，而是高认知父母用心为孩子浇灌出的生命底色，它不是靠对孩子简简单单的几句夸奖和表扬就能实现的。孩子的高自我认同并非空中楼阁，它是需要成果作为支撑的，如果你已经准备好迎接挑战，那么就和我一起踏上这段旅程吧！

·第一节·
孩子认为重要才是重要

　　绝大多数自行操作"计划说到做到"的家长会在这一步就"踩雷"。经常有家长问我："虽然我已经带着孩子做了计划，但是他根本就不按计划行动。"为什么孩子不行动？因为这些计划是家长认为重要的事情，不是孩子打心底认为重要的事情。因此，他要么就敷衍完成，要么就干脆"摆烂"不做。如果孩子都不行动，就等于家长这个塑造孩子高自我认同的计划流产了。

　　因此，"重要三件事"一定是孩子自己认为重要的三件事。

　　孩子会认为什么重要？我们用脚趾头想都知道，是玩，对吧？没关系。

　　重要三件事只是一个载体，**最重要的事情是通过这三件事的成果给孩子植入"我是一个说到做到的人"的自我认同**。也就是说，家长们不要陷在孩子做什么事都要有意义，或者不管孩子做什么事都要和学习相关的执念里。我们不是想要完成一个"高大上"的任务，而是要给孩子植入"我是一个说到做到的人"的信念，因此做什么事情不重要，重要的是孩子通过重要三件事拿到一个结果，然后对自己产生好的看法，从而让我们借此给孩子植入"说到做到"这个高自我认同的信念。

植入说到做到的信念才是重中之重

　　我举个例子，哪怕孩子三件事都写"玩"：玩玩具、玩手机、下楼玩，这都没关系。家长可以问他：每一件事，你分别打算玩到几点？假如孩子说："我 3 点下楼玩，玩到 5 点就回家。"家长可以说："好呀，说到做到哟。"如果到 5 点叫孩子回家时，他做到了按时回家，家长就及时强化孩子对自己说到做到的信念："你说 5 点回家就 5 点回家，你做到了！虽然妈妈看得出来你还想玩，但是你还是选择了按时回家，你是一个说到做到的人！"

同理，喜欢画画的孩子会认为画画重要，喜欢阅读的孩子会认为阅读重要，喜欢看动画片的孩子会认为看动画片重要，而家长的做法也是一样的，要遵循"孩子自己认为重要的事情就是重要的"这个原则来列重要三件事，并为孩子植入"说到做到"的自我认同。

在高自我认同塑造的初期，孩子内在驱力唯一的来源就是兴趣。显然，孩子对玩是最有兴趣的，因此只有做他感兴趣的事情，他才有动力去达成自己列的这个内容，达成以后才会对自己有好的看法，我们家长才能利用正反馈强化他的自我认同。随着孩子自我认同的提升、内在力量的充盈，他会渴望做更有难度的事情，就不会再把"玩"列为最重要的事情，而是愿意做更有挑战性的事情。

必须是孩子打心底里认为重要的事情

有的孩子由于家长过去的规训，已经习惯于听家长的安排，因此可能暂时想不出什么是他认为重要的三件事。家长可以根据对孩子的了解，列出几个选项，或者和孩子头脑风暴，把孩子可能想做的事情列在纸上，让孩子来挑选他最想做的三件事。如果找不出三件，先找出一两件也是可以的，只要能让孩子开始适应自己选择和安排自己认为重要的事情即可，这样孩子内在的驱动力才会逐渐激活。

还有一些特别乖巧的孩子，因为心里非常渴望获得父母的认可，所以他们会依照父母的期待来制定自己的重要三件事。然而，这并不是他们心里真正认为自己想要做的重要的事情，写出来也只是为了迎合父母。他们根本没有动力去达成这些事，即使达成后也没有成就感。对于这样的孩子，父母要及时觉察，不要被"虚假繁荣"蒙蔽，一旦觉察到孩子列的重要三件事并不是他们真心觉得重要、想要做的重要三件事，就立即叫停，鼓励孩子去列出他们真心认为重要的三件事，并让孩子清楚地知道，只要是他们真心想做的、真心认为重要的事，家长都接受，都会支持他们。这样，孩子才能真正遵循自己的内心去制定重要三件事，才会有动力去行动，达成后才会有成就感。

· 第二节 ·
唯一的要求 "说到做到"

只要是列入了重要三件事计划中的事情，孩子就要说到做到。这既是一个范畴，也是对家长的唯一要求：所谓唯一要求，指的是家长不要贪心，除了完成计划中的事，家长不要再对孩子提其他的要求。

比如，孩子的计划是口算作业 10 分钟完成，那么当 10 分钟到了时，他完成了口算作业，就是说到做到。家长不要看见孩子完成任务的情况不符合自己的预期就去否定孩子：没有全对，不算说到做到；字迹不工整，不算说到做到……家长不要急于求成，要允许孩子先完成，再完美。如果家长一心急，无形中去否定孩子，那么孩子是无法获得成就感的，也无法对自己产生好的看法。因此，家长要先肯定孩子说到做到的结果，给予孩子正反馈，随着孩子自我认同的提升，他对自己要求会越来越高的。

说到做到的范畴

另外，说到做到的范畴就像一圈篱笆，只要是在"篱笆"内的事，孩子就必须说到做到——无论事情简单也好，复杂也好，都要实实在在去做到。看到这里，大家应该就能理解，为什么计划说到做到的第一个关键点，是一定要让孩子定他真正觉得重要的三件事，因为如果不是孩子真心认为重要的事，他是不可能主动去寻找可能性和发挥创造性去兑现自己的承诺的。

如果是孩子没有列入重要三件事的事情，就按照原来的节奏来，该上学上学、该写作业就写作业，只是这些事情不在说到做到的范畴内。孩子不可能因为列的重要三件事里没有上学这一项就不去上学了，这些没有列在重要三件事里的活动，过去是怎么做的，现在依然怎么做就好，家长也要按原来的标准对孩子有合理的要求。

孩子不愿意做计划怎么办?

有的孩子因为过去被家长用套路欺骗或者惩罚太多次，一听到需要他说到做到就会退缩，不愿意去制定并完成重要三件事。遇到这样的情况，家长就不要先拘泥于重要三件事的制定，而是要先在平时的生活中观察孩子在无意识中说到做到的事情，然后利用这些事情给孩子强化说到做到的信念，给孩子建立自己能够说到做到的认知，再循序渐进地把孩子带到重要三件事的轨道上来。一开始，家长不一定要让孩子制定重要三件事，只制定重要一件事、重要两件事都是可以的，等孩子适应以后再逐渐增加，直到变成三件事。请家长们一定记住，三件事就是上限了，初期只要制定重要三件事就行，不要贪多。

案例:

一位参加我学习课程的家长的孩子是"高敏感小孩"。孩子每次制定重要三件事，都会因没能好好完成，而自责得大哭一两个小时，计划难以继续。后来，我让这位家长改变了策略，让孩子慢慢适应。孩子放学回到家后，说休息20分钟就开始写作业，家长就说:"好的，我们上个闹钟，闹钟响了就写作业，说到做到哟。"当闹钟响了，孩子去做作业时，家长立刻给孩子正反馈:"闹钟一响，你就停下来，你很擅长管理自己呀，你做到了，你是一个说到做到的人!"而孩子咳嗽还没好时，家长带孩子去商场前和孩子约定，暂时不能吃冰淇淋。当孩子去商场，忍住了没有买冰淇淋时，家长又赶紧给孩子正反馈："哇！你太了不起了，妈妈有时嘴馋都忍不住想吃冰淇淋，你却做到了不吃冰淇淋，你是一个说到做到的人！"只要孩子兑现自己的承诺，家长就第一时间给孩子植入这样的信念，慢慢地孩子对自己的信心就高起来了。这时再让孩子制定重要三件事，孩子的接受程度就高了很多。

孩子定的重要三件事太简单怎么办？

我指导过一位在新西兰的家长，她的孩子当时四岁。当她的孩子开始列重要三件事的时候，孩子只想出一件事，就是从后院里捡一枚树叶。孩子一定完这个计划，就跑到后院，捡起一枚树叶："妈妈你看，我的重要事情是捡一枚树叶，我完成了。"这位家长面对这样的事情，很难违心地对孩子说出："你做到了，你是一个说到做到的人。"并且这样的"举手之劳"也并不会让孩子因为自己做到的成果而对自己产生好的看法。这时，我们该怎么办呢？

家长不必否定孩子列的重要事项，而是可以把这件事情赋予一定的仪式感，或者拉长时间线，适当为它增加一点意义和难度。就像捡树叶这件事，既然孩子列出来了，我们家长就支持孩子去达成，并可以通过赋予这件事仪式感的方式赋予这件事情一些意义，不知不觉地为这件事增加一点难度。家长可以告诉孩子："妈妈小时候经常找一种幸运草，幸运草是有四瓣叶子的苜蓿草。传说如果找到了它，一天都会有好运。你的重要事情是捡一片叶子，那么你想要找这样能够带给你幸运的叶子吗？"孩子听到这句话，眼睛肯定都会亮起来。捡一片叶子很简单，而找一株四叶草可就没那么容易了，这时，家长就可以带着孩子去寻找：自家院子没有找到，就去公园找。这样的仪式感既没有否定孩子自己制定的重要三件事，也让事情有了变得不是抬手就能做到。这样，孩子拿到结果后，就会对自己有好的看法，再加上父母的正反馈，就能强化这个说到做到的信念。

当然，前提是父母带着觉察和区分来看待——一些事情是真的像捡一片树叶、撕一张纸、和小猫说"你好"一样简单，无法让孩子对自己产生好的看法，还是因为这些事没有达到父母的预期，让父母以自己的角度和标准认为孩子选的事太简单？这一点是需要家长们特别注意的，重要三件事一定要以孩子的判断为主体。

·第三节·
时间点要明确

以表 7-1 为例，在你和孩子制定重要三件事时，每件事几点到几点做，或者做多长时间一定要明确。

表 7-1　时间安排

9：00 ~ 12：00 玩　√	上午：玩　×
16：00 ~ 17：00 玩　√	下午：玩　×

如果你写："16：00 ~ 17：00 玩"，计划就是有效的，而写"上午：玩"，计划就是无效的。哪怕写"上午 9：00 ~ 12：00 玩"等同一个上午，这也是有效的，而笼统写"玩一个上午"就不行。你知道其中的区别吗？

时间可以看作一个分界线，只有"分界线"清晰，孩子在实施计划的时候才没有空子可钻，不然争议发生时，亲子之间光争论对错都能浪费个把小时。

关于时间这个关键点，我还有两个小细节要提醒各位家长。

第一，要有弹性时间

在孩子定了完成任务的时间之后，家长要合理地留出一些弹性时间。

比如，如果孩子这样写："晚上 20：00 ~ 20：30 看动画片"，而当 20：30 到了时，那集动画片只放了一半，剧情正精彩呢，这时，家长让孩子关电视，他是很难做到的。令行禁止固然好，但是孩子毕竟只是一个孩子。孩子如果说"看完这集动画片再关电视"，可以还是不可以？可以。再比如，当孩子和小伙伴玩得热火朝天时，家长却对孩子说："时间到了，该回家了。"孩子一定没法做到立刻丢下小伙伴回家，而家长强制把孩子带回也不合适，是吧？这时，家长可以再给孩子 15 ~ 30 分钟，让孩子自己来决定最后再玩多长时间，这就是弹性时间。写作业也是一样，当还有最后一题没做完时，闹钟响了，那么家长也要给孩子弹性时间去把最后一题完成。

当然，弹性时间是辩证地来用的，什么时候可以有弹性时间，什么时候不可以有弹性时间，家长要带着区分来看，根据当下明确的育儿小目标来分主次——如果有利于育儿目标达成，就给孩子这个弹性时间，不利于就不给，不能说每一集都是"再看最后一集"，每个"五分钟"之后还是"最后五分钟"，要根据目标张弛有度。

第二，时间的规划要给孩子机会去试错

这样做非常有利于孩子时间观念的养成。我们经常说"这人没有时间观念"，这不是说这个人不会看时间，而是这个人对于以自己的能力做完某件事情实际需要多长时间的认知有偏差。

举个例子：如果你我说好，我开车到你家楼下接你，我出门之前问："你多长时间之后能下楼？"你说："半个小时，半个小时以后我下楼。"可其实你此时才刚洗好头，妆还没化、衣服也没换。等了半小时你也不下楼，我在心里会怎么说？"这人真是没有时间观念。"一个人对以自己的能力完成一件事情需要多长时间的评估，与实际有非常大的误差，这就是没有时间观念。

那为什么我们让孩子在时间规划上试错，可以培养孩子的时间观

念呢？

我来讲一个幼儿园中的实践案例，大家就明白了。

案例：

我曾在一家幼儿园的大班试点这套方法。幼儿园的老师们带着大班的孩子写重要三件事，也教会了家长们操作方法。有一个孩子写的一件事是 7：00 ～ 8：00 跳绳，妈妈看到后再三问孩子："你确定？"孩子非常肯定地说："确定。"于是第二天 7：00，妈妈就带着孩子下楼了。

孩子跳了 15 分钟绳后气喘吁吁地叫道："跳不动了。"

妈妈看看表，告诉孩子："可是现在才 7：15，离 8：00 还有很长时间。"

孩子大喊："可是我已经跳不动了！"

妈妈接着说："是的，我也看出来了，那么是哪里出了问题呢？"

孩子说："计划的时间太久了，要改。"

孩子回家后，把跳绳的时间改为了 15 分钟。第二天他们又去实践，孩子坚持是坚持下来了，可是非常痛苦，因为这是他目前跳绳的体能极限。

孩子上气不接下气地对妈妈说："不行，时间还得改，改成 10 分钟吧。"

第三天再实践时，孩子跳绳 10 分钟以后，觉得这个时间很合适，不至于让自己太累，也练习了跳绳。

这三天的试错，会给这个孩子建立一个认知：以我目前的能力，达成这件事情大概需要这么长时间。

以此类推，孩子们会在尝试中知道：我写完 5 个字大概需要多长时间，我阅读一本绘本大概需要多长时间……逐渐地，孩子对自己的能力评估就会越来越准确，对于时间的把控也会越来越游刃有余。

如果孩子无法或者不愿评估自己做某事需要的时间，那么家长就用计时器帮助孩子计时，当孩子要做的事完成以后，告诉孩子用时即可。在孩子做事的过程中，家长不要催促，要记录真实的完成时间，并告知孩子用时。如果孩子抵触计时，会因为计时而感到焦虑，那么家长也可以先不告诉孩子，默默给孩子计时即可，结束以后再告诉孩子用时。计时次数多了以后，孩子心里就会有个谱，从而能对自己完成某事的用时进行评估。

时间管理的本质是效率，计划的本质是目标。

当孩子能够准确预估以自己的能力完成一件事情大概需要多长时间时，他就能更好地规划自己的时间，做事的效率也会高起来。因此，我们带着孩子做时间管理的本质是让孩子理解效率的意义。为了拥有更多的自由时间，孩子会不会去寻找更多的可能性？孩子在这个为了达成自己的目标去寻找可能性的过程中，目标感会得到极大的锻炼，逐渐习惯于聚焦目标，而不是感受。因此，计划的本质是目标。

你看，做计划这件事，虽然我们看似都懂个大概，但是其中其实有这么多门道。如果你想当然地去操作，是不是就很容易"踩雷"了？失之毫厘，谬以千里。

这就是为什么我要求大家无论有没有带着孩子做过计划，都要清零，从重要三件事开始，因为你得留一些余地给孩子在时间管理上试错。

·第四节·
父母的身份是支持者

很多家长还会困惑：我家孩子写的重要三件事和计划都是他认为重要的事情，为什么他还是不执行呢？

计划和行动的关系不是"因为写了计划，所以就会去行动"。我指导过四千多个家庭，目前为止，我还没见过哪个孩子的重要三件事全部都是玩的，其中最起码有一件事是和学习相关的。因为孩子是知道学习对自己很重要的，只是以现阶段大脑前额叶的发育水平，他控制不住自己，无法约束自己。这时，家长的身份就很重要了。

不是监工，更不是闹钟

我们不是监工，更不是闹钟，家长们在这里不要"跑偏"——孩子顺利写计划了，那我们作为家长就只要负责监督和催促，孩子万一做不到完成计划，就对孩子失望指责。这不是我们应该做的。

我们和孩子是队友，我们要支持他们去做到自己的计划。

我们可以把孩子达成计划的过程看作爬山。孩子定了一个目标：我要爬上那座山，要登顶！我们家长要做的不是用鞭子抽着他往上爬，也不是站在旁边袖手旁观，而是要做他们爬山的队友。

孩子也许在爬到三分之一的时候渴了饿了，那我们就给他吃的喝的，补充体力，好支持他继续往上爬；爬到一半的时候，孩子也许对这座山失去兴趣了，又想去爬另外一座山，这时我们就需要把他的注意力和兴趣点重新带回眼前的目标上，找一些吸引他的点，让他有兴趣继续；爬到三分之二的时候，孩子真的体力不行了，坚持不下去了，那我们就拉他一把，搀扶着他继续，鼓励他坚持，帮助他最终完成计划。

这些才是支持者真正应该做的事情。

1. 计划的时间到了，孩子迟迟不肯行动，支持者这样做

过去，当孩子定的计划时间到了时，我们家长下意识的反应就是催促、提醒。现在我们学会了觉察和区分，就要先做自己的功课，让自己保持稳定的内核，再以支持者的角色来帮助孩子。

比如，孩子的重要三件事里有一件是在规定的时间完成作业，而我们发现，当写作业的时间到了时，孩子却迟迟不动。这时，我们要催促威胁孩子吗？支持者可不会这么干，支持者会用游戏力引导，帮助孩子把注意力从"作业太多了""不想写作业""好烦"这样的情绪内耗中转移出来，然后用有趣的方式去引导孩子的注意力，帮助孩子"启动"。

游戏力引导对于低年级的孩子，甚至三四年级的孩子，都是非常好用的工具，不仅仅是在引导孩子写作业时，在平时生活中也可以用。只要我们家长能打开思路，带着一颗童心引导孩子，这真的是百试百灵的方法。

2. 孩子做作业中途遇到不会的题目"卡壳"了，继而神游了，支持者这样做

过去，我们可能会不耐烦地呵斥孩子："快点写！别发呆！你时间快到了！"

支持者可不会这么干。我们要么让孩子先跳过不会的题目，要么去给孩子讲解题目，这是常规做法。更为细节的做法是，我们要去觉察孩子"卡壳"的原因，当我们对**自我觉察熟练了时，对于孩子的觉**

察一样可以手到擒来。

发现没有？觉察和区分真的贯穿我们教育孩子的方方面面。

我们要观察孩子"卡壳"的原因：如果是因为题目太抽象了，那么作为支持者，要怎么支持孩子？要化抽象为具象，我们可以在草稿纸上把图画一画，或用小棒摆一摆，或在计数器上拨一拨等，用孩子理解的方式去讲解，而不是把自己的理解讲给孩子；如果是孩子做题没有思路和灵感，那么我们可以带着孩子头脑风暴，或者把思维导图画一画；如果是要背要记忆的东西太多了，导致孩子畏难，那么我们就用记忆宫殿、图像记忆法等快速记忆的方式帮助孩子记忆。

当我们以支持者的身份，带着觉察去看待孩子的时候就会发现，其实有很多恰当的方式可以引导孩子，而催促和威胁则是效率最为低下的一种方式。遗憾的是，很多家长因为不会做自我觉察和区分，所以执着于用情绪化的方式管教孩子，执迷不悟，让亲子双方两败俱伤。

3. 孩子能量低了，支持者这样做

孩子能量低了，作为支持者，我们就应该去给孩子补充能量。这个能量有可能是体力上的能量，也有可能是心灵上的能量。

体力上的能量很好理解，就是孩子困了、累了、饿了。如果遇到孩子体力上能量低的情况，那么最好的补充能量的方式就是休息，让孩子小睡一会儿、发会儿呆、吃点东西，都可以帮助孩子补充体力上的能量。这些大家都会，就不赘述。

我们重点来讲孩子心灵能量低的状态，以及作为支持者该如何支持这种状态下的孩子。

当孩子瘫在那里时，我们如果觉察到他的心灵能量低了，就要用自己的能量去给孩子充充电。比如，我们可以把孩子抱在怀里，花一点时间满足一下孩子的依恋需求；比如，如果孩子对户外活动提不起兴趣，总是"宅"在家里，那么我们就需要用自己的活力和激情去感染他。

能量的传递和热传导类似，都是从高水平处传递到低水平处，如果家长自己也瘫在沙发上，却颐指气使地告诉孩子："你出去晒晒太阳，不要老是'宅'在家里。"那么孩子肯定还是无精打采的，因为家长并没有传递什么能量给孩子。因此，你作为家长，要想给孩子传递能量，就得先具有高能量状态，然后才能用高能量去带动孩子。

这是家长作为一个支持者要做的事情。

4. 孩子不停抱怨，支持者这样做

当家长们听到孩子在执行重要三件事的过程中开始抱怨时，会很容易感到恼火和烦躁。孩子的行为无时无刻不在触动着家长们的潜意识信念，让家长们有一个下意识的自动反应："我已经那么累了，还陪着你弄重要三件事，我都没嫌麻烦，你倒开始抱怨上了。"当我们家长心里开始犯嘀咕时，我们依然要先去做觉察和区分：是什么让我感到烦躁和恼火？我当下的目标是什么？我们要先调整好自己的状态，然后才能支持孩子。

觉察完自己后，我们就要尝试着觉察一下孩子：孩子之所以抱怨，是因为无助。哥伦比亚大学临床心理学博士贝姬·肯尼迪（Becky Kennedy）提出了一个公式：抱怨 = 强烈的愿望 + 无力感。也就是说，孩子在达成重要三件事中开始抱怨，其实说明他真的很渴望说到做到，只是他此刻感到很无助，并不是他不想达成自己的目标。他们之所以抱怨，是因为这件事情的难度超出了他们的能力范围，他们有强烈的愿望和无力感需要发泄出来。

孩子此刻需要的一定不是讲道理和说教，我们作为支持者，不能被孩子的情绪影响，也开始抱怨，而应该去承认孩子内心的感受，并帮助他把这些感受解读出来。孩子的情绪是无意识中产生的，他很可能都不知道自己是怎么了。这时，我们要像一个翻译官一样，帮助孩子把他的感受解读出来，并表示理解：

"要在这么短的时间内完成这么多事情，一定让你感到很有压力。我知道这种感受，我上周例会之前也要在很短的时间内整理出大量的资料，还要制作演示文稿。压力确实会让我们感觉很不好，我相信你的感觉，我来和你一起解决。你觉得最难的是哪一部分？我们看看还有没有其他的解决办法……"

有时，即使你做完这些引导，孩子也依然无法停下抱怨，那么他可能只是需要一个通道，把所有的不满发泄出来，甚至需要大哭一场才能停下来。这时，我们可以这样引导：

"你觉得一切都不顺心是吗？来吧，我们来把情绪释放掉，把你的不满全部说出来：为什么偏偏在今天英语口语课要提前 15 分钟？为什么试卷改错还要把题目都抄下来？……"

不要觉得孩子哭、发脾气，就意味着我们引导的失败。宣泄情绪是有助于孩子的身心健康的，它甚至是一种很好的调节方式。

5. 孩子感到恐惧焦虑，支持者这样做

孩子可能会在他的重要三件事里列一件对于他来说有挑战性的事情，比如参加班长竞选。孩子成为班长的愿望特别强烈，于是就把参加竞选这件事记在了重要三件事上，可晚上临睡前孩子退缩了，又说不想参选了。

很多家长会下意识地劝慰孩子，告诉孩子这没什么好怕的，重在参与。这句话并不能帮助孩子消除恐惧和焦虑，反而是在告诉孩子

"你的感觉不对""你不应该有这样的感觉"，只会让孩子更加内耗"拧巴"，没有力量。

家长们一定要意识到一点：恐惧是我们的本能，我们要教孩子学会和焦虑恐惧共存。就像蹦极时，人会一边恐惧一边往下跳；就像登台演讲时，人会带着紧张走上讲台，我们作为家长的任务不是叫停孩子的情绪，而是帮助孩子学会调节自己的情绪。如果我们承认，焦虑恐惧的情绪存在时，人仍然能照常生活，那么我们和孩子就能从平静中获得更多的能量。

首先，家长要承认孩子的情绪："是的，你感到害怕，一想到这件事，你的小心脏就怦怦跳，让你无法安睡，这种感觉确实很煎熬。"

其次，家长可以陪孩子提前演练。家长和孩子可以用孩子的毛绒玩具来进行角色扮演，去提前演练一遍事情的发生。演练能够让孩子提前适应让他感到恐惧和焦虑的场景，也能够让孩子在角色扮演中看到，他恐惧焦虑的场景其实没什么大不了的。

最后，请家长告诉孩子，自己很愿意和孩子一起讨论他的恐惧和焦虑。无论最终是否能成功化解孩子的紧张焦虑，都要让孩子感受到，身为家长的你会和他一起面对他的恐惧和焦虑。

当我们家长以支持者的身份做完以上这一切时，孩子无论是选择迎接挑战还是最终放弃，都会有所成长，向着成长的目标迈进一大步。

6.和孩子发生冲突了，支持者这样做

家长和孩子相处的漫长岁月，肯定不会一直安宁美好，难免会有发生摩擦和冲突的时候。那么家长在和孩子闹不愉快后，如何修复关系呢？

首先，家长一定是在确保双方的情绪都已经平复下来以后再做修复。如果有一方还在情绪中，那么就等待对方情绪平静下来，否则亲子双方很容易就会又陷入新的争执和情绪当中。

其次，家长要真诚地向孩子道歉。比如"我刚才情绪失控，对你说了过分的话，对不起""我不应该对你大喊大叫，我向你道歉：对不起"……道歉就是道歉，不要夹带一些理由，例如"如果不是因为你没有遵守约定，我也不至于发这么大的脾气""我承诺以后尽量克制自己不要这样，而你也要意识到你的问题"……这根本不是道歉。家长坦坦荡荡地说对不起，反而是在以身作则地给予孩子面对的勇气。

最后，家长要和孩子一起复述事情的过程，还原事件全貌。我们家长和孩子发生冲突时，孩子有孩子的视角，父母有父母的视角。虽然这些都是真相，但都不是事件的全貌。和孩子一起复述事件有助于双方了解事件的真相，帮助双方做得更好。

虽然我们家长不能避免和孩子发生冲突，但是我们可以选择积极地去改进自己，并与孩子商量，以后如何更好地沟通。当我们这样做时，亲子双方的关系不会因为冲突而破裂，依然能够保持彼此信任以及亲密合作的关系。

时刻记得我们支持者的身份

当孩子定了重要三件事时，家长不应站在那里等着孩子自然而然地去做到。如果孩子的成长可以那么省事，那他们又何必学习呢？对吧。

我们家长的身份是支持者，是支持孩子达成目标的那个人，因此在支持孩子达成目标的过程中，我们必然是传输给孩子能量的人。

案例：

2023年的暑假，一位妈妈带着孩子去爬高黎贡山。孩子没走一会儿就开始抱怨，流露出各种负面情绪。来这个景区徒步，是孩子在做攻略时拍着胸脯说一定要说到做到的目标，可才进山半个多小时，孩子就有情绪了，把曾经的豪言壮语忘得一干二净。妈妈一路鼓励着孩子，不断用昆虫和鸟类来吸引孩子的注意力，孩子也一路抱怨着走。妈妈始终觉得，只要孩子在往前走，这就是一段让他成长的经历。

然而，在孩子因为脚下打滑，狠狠摔了一跤之后，他彻底情绪崩溃了，说什么都不愿再继续前进，哭着喊着要回酒店。这时，路程即将过半，无论是原路返回还是走到终点，所花的时间都差不多。而孩子的爸爸因为背负着孩子和自己的行李，也累得够呛，情绪也在爆发边缘。在这个当下，妈妈赶紧给自己做功课——觉察和转念。整理思绪后，她发现，自己之前虽然是鼓励着孩子走，其实是忽略了孩子的感受的，只顾着让孩子往前走，让孩子说到做到、达成目标，却没有承认孩子累和热的感受，这并不是真正的滋养孩子、给予孩子能量，因此她的鼓励并没有支持到孩子。她当机立断，找了块岩石，让孩子和孩子爸爸就地休息，喝水、吃东西。如果孩子要哭，就让他发泄吧，反正一家人出来旅行，就是来体验的，又不赶时间。

孩子哭了十多分钟后，情绪渐渐平复下来。这时妈妈把薯片递给孩子，让孩子坐下休息，一边给孩子擦去手上的泥，一边给孩子讲玄奘法师的西行之路，因为孩子那段时间刚好在看《西游记》。妈妈告诉孩子，真实的玄奘法师可没有三个法力高强的徒弟以及白龙马，他是凭借着自己的双脚，克服了艰难险阻，一路走到了印度。

孩子顿时有兴趣了，问妈妈："那他也独自穿过了我们今天看到的这样的森林吗？"

"那当然，比我们这个还要凶险呢，可是他依然牢记自己的目标。

一路上虽然有艰难险阻，但是他也看到了大好河山和壮丽风景，最终取得真经。我们今天徒步的地方是自然风景区，虽然挂着野兽出没的牌子，但是有护林员管理，有成熟的路线，也有游客，是很安全的。我知道你感觉很累，高原雨林里潮湿闷热，让你不好喘气，你很不舒服，妈妈的感受和你一样，玄奘法师曾经也经历过和我们一样的感受吧。你只要愿意坚持，妈妈就愿意支持你。"

"我要坚持，我要和玄奘法师一样。他去到了目的地，走完了全程，我也可以的。"

"太好了，妈妈真为你感到骄傲，那我们休息一下就出发吧，前面还有野温泉和瀑布。你听，貌似已经可以听见瀑布的水流声了，说明我们快到瀑布了！"

"那我们快走吧，我来带路，我要看瀑布！"

孩子说完，背上他的背包，精神抖擞地走在最前面，最终完成了他生命中的第一次小环线丛林徒步。在家长的支持下，他做到了。

有了这次经历以后，这位妈妈觉得孩子又不一样了，他不再会因为长时间的排队而不耐烦，也不再因为一些不适而烦躁、发脾气。孩子获得了成长，而家长有很大的功劳，因为家长以支持者的身份，用能量感召能量的方式，为孩子创造了"做到"的体验。这份体验把孩子的耐受阈值拉大了，孩子的舒适区也因此扩大了，从而不再会像之前一样，遇到一点点不舒适就开始闹情绪。

孩子的认知就是这样被一次次体验拓宽的，有些事情就是需要孩子去亲身经历的。因此，当我们以支持者的角色支持孩子一次次"做到"的时候，孩子的世界也会逐渐变得宽广起来。

·第五节·
复盘"行得通"或者"行不通"

重要三件事的复盘分为两个维度，我会分别给大家详细说明。

第一个维度，给孩子正向积极的反馈

正向积极的反馈对培养孩子的高自我认同起着决定性的作用，因此当孩子做到重要三件事的时候，家长一定要及时给孩子正向的反馈，而且孩子每做到一项，家长都要及时给正反馈。

给孩子正反馈时，我们家长可以用这样的句式：**事实＋成果＋你是一个说到做到的人。**

比如，孩子在我们的支持下，在一小时之内完成了作业。这时，我们该怎么做呢？

首先，我们要赶紧借助这个成果去放大孩子的成就感，强化"说到做到"的高自我认同："你专心地完成了你的作业，就算中途有几次走神，你也快速地调整了自己的注意力，说一小时完成作业就一小时完成，你做到了，你是一个说到做到的人！"

正反馈不必拘泥于重要三件事的计划范围。无论写没写在重要三件事里，只要孩子"做到"了，家长就要及时给孩子正反馈，去强化孩子"你是一个说到做到的人"的自我认同。

比如，有一天孩子心血来潮要刷鞋子，然后主动把自己的脏鞋子刷了，家长就要及时给孩子正向反馈："哇！我真的很惊喜，我一开始还以为你开玩笑呢，没想到你说一不二，你做到了，你真是一个说到做到的人！"

虽然这个心血来潮可能就这一次，孩子下次再也不干了，但没关系，家长不要贪心。孩子不刷鞋就不刷了，反正我们家长把该给的正反馈给孩子就可以了，不要做"一边建房子，一边拆房子"的事情。

第二个维度：总结

请家长每天抽 5 ~ 15 分钟引导孩子做一个小总结。

这个总结不是以对错好坏来做的，而是以孩子满意还是不满意来做的。

这里有一个重点：只要孩子觉得他做到了，就是做到了。这是孩子的重要三件事，家长不用去和孩子争："你明明做错了很多计算题，怎么能算做到呢？"

如果孩子判定自己做到了，那就是做到了，我们家长也只需要把我们的正反馈给孩子，不要急于去修正这个过程中的一些瑕疵。

我曾见过一位太急于求成的家长：孩子写了重要三件事，其中一件是阅读。当阅读时间到了时，孩子也去阅读了，也按照重要三件事中定的时长去读了。结果，家长临时起意，让孩子要摘抄好词好句。孩子说自己已经完成阅读了，家长却硬是抓着孩子没有摘抄好词好句这一点不放，说孩子不认真阅读，随便翻两页就算是阅读了，是糊弄任务。最终，孩子生气不干了，重要三件事不计划了，也不执行了，家长一个月的心血全都白费了，还要重新去修复亲子关系。

家长一定要事事觉察，时时区分。培养孩子的高自我认同，对家长的心智要求是非常高的，这需要家长放下自己的标准和执念。觉察和区分的练习没有做扎实的家长，很容易做出"一边建房子，一边拆房子"的事。

因此，家长培养孩子一定不要急于求成，孩子自我认同的建立和发展都是一个台阶一个台阶地上升的。

那么，我们家长该如何带着孩子总结呢？

1. 对结果满意的总结

我们要用启发式提问的方式询问孩子："你对这个结果满意还是不满意？"

同样的，满意与否要以孩子的评判为准。孩子说满意就是满意，就算你作为家长不满意，只要孩子满意，那也是满意。

举个例子，当孩子在测验中得了 85 分，晚上回家后复盘总结时，你问他："你对这个结果满意还是不满意？"

孩子说："我满意呀。"

听到孩子这样说，家长们不要一蹦老高："满意什么满意！你们全班考了 90 分以下的只有三个人！你都垫底了，还满意？"

只要孩子满意就是满意，因为这是孩子自己的事情。

另外，人的想法是会变的，孩子的想法更是一天几变都有可能。也许他这次对成绩感到满意，是因为另外两个和他玩得好的同学比他考得还不好，因此他觉得这个分数没什么。如果下次他再考 85 分，而那两个曾经和他一块儿垫底的好哥们考了 90 多分，他可能就对这个分数不满意了，这都不好说。

因此，在那个当下，孩子说满意就是满意。

然后家长再接着问孩子：**"你多做了什么，才让这个你满意的结果发生？"**

这个问题能引发孩子去回顾思考，逐渐养成总结自己成功经验的能力。

比如孩子说"因为我认真答题了呀""因为我复习了呀",等等。

那家长就给孩子强化这个信念:"非常好,这可是你成功的秘诀呀,一定要保持好。下次你还想拿到满意结果的时候,你就用它。"

一个人能成功,一定是总结出了一套适合他自己的做事方法,也就是俗称的"开窍"。

只是在过去,家长们没有这个意识,常常因为看到很多孩子通过刷题提升了成绩,所以也让自己的孩子跟着刷题,买相同的教辅资料,学习别人的作息安排。

其实,孩子成绩提升的本质不是刷题,而是在刷题的过程中,突然总结出了适合自己的方法,因此某一类题就一通百通了。这是因为题刷得够多吗?可能不完全是,是孩子在无意中,总结出了便于他消化和理解知识的规律。

小时候是"学霸"的家长们,请你们回忆一下,自己的学生时代是不是有这样的经历?

其实这个总结规律的过程是可以被大大缩短的,只要家长们有意识地带着孩子去总结,他之所以拿到让自己满意的结果,是因为比过去多做了什么。这个"多做的东西"就很有可能会让他开窍。

孩子今天考好了,是因为认真审题了;明天考好了,是因为认真检查了;后天考好了,是因为偶然换了一个解题思路,难题就解对了……只要家长有意识地带着孩子去总结这些要点,让他有意识地去运用和筛选,最终,这就会因为他的"武功秘籍"。从这个过程中,孩子就知道:如果我想要考好成绩,就按照之前实践有效的要点来做,最终形成属于他自己的一套学习方法。

以上是当孩子对自己重要三件事的结果满意时的总结,家长们带着孩子总结的时候，可以按照以下流程进行：

（1）你对这个结果满意还是不满意？

（2）你多做了什么，让这个你满意的结果发生？

这两个启发式提问，可以引导孩子做自我总结。在孩子拿到正向结果的时候做总结，效果远远要比在他们拿到负面结果时做总结好得多。因此，能给孩子带来正反馈的总结，家长一定要做！

2. 对结果不满意的总结

首先，我们家长依然要问孩子"你对这个结果满意还是不满意？"

如果孩子回答："我对结果不满意。"

我们就继续这样引导他：**"你少做了什么，才让这个不满意的结果发生？"**

同样地，用这个问题去引发孩子的思考。

孩子可能会回答"计算忘记写答案""没有检查"或者"不会做"。

我们依然以启发式的提问引导孩子思考，自我总结："好，那么下次该怎么改进，我们才可以拿到让自己满意的结果？"

如果孩子回答不上来，我们可以给孩子几个选项，让孩子来选，然后逐渐过渡到让孩子自己总结。

比如：你是因为完成任务超时了而不满意吗？你是因为不高兴了而不满意吗？……

对不满意结果的复盘，可以遵循以下几个提问的流程进行：

（1）你对这个结果满意还是不满意？

（2）你少做了什么，让这个不满意的结果发生？

（3）下次该怎么改进，我们才可以拿到让自己满意的结果？

　　每天，我们都要花一些时间去做复盘。如果时间不够，不满意结果的复盘也可以暂时不做；孩子没有达成、没有做到的计划，也可以忽略，不用去批评孩子。而给孩子正向的反馈一定要足够，对满意结果的复盘也一定要做。

· 第六节 ·
觉察和区分贯穿始终

案例：

我的孩子头一天晚上列的三件事分别是：①在学校完成作业；②第二节下课交改错试卷；③晚上 20：00 听故事和玩。之前一段时间，孩子把三件事都执行得很好，可今天孩子放学回来时，我问她作业写了没有，她却瘫坐着东摸摸西摸摸，喝着牛奶，一脸无所谓的样子。看她的样子，我已经猜到她没有完成作业，于是语调瞬间高了起来，大声问她："作业到底写了没有？！"她一脸不情愿地挪到书桌前，开始写作业。写了一半，格式错了，我建议孩子另起一页重新写，她却非要全部擦掉重新写。即使我打开手机让她看老师发的格式要求，她也硬是不看。这个时候，我的怒火已经开始控制不住地燃烧，大声质问她："你怎么在学校不写作业？没有写就是这一项没做到！"这时孩子也有点恼了，把作业本擦得皱皱巴巴不说，还越写越随意。我忍不住了，直接把她写的字画了很多圈圈，打了叉！孩子瞪着愤怒的眼睛和我对视，我更火大了，直接把她写的那一页撕了，转身在孩子的每天重要三件事完成情况表上，给她打了个大大的叉，孩子也报复性地在我的表格上全部打了叉（为了鼓励孩子我也每天列重要三件事）。我又再给她补一个叉，然后两个人一来二去，彼此给了对方很多叉……前面的努力一晚清零。

在执行重要三件事，帮助孩子塑造"我是一个说到做到的人"的高自我认同时，这个过程对家长的挑战其实比对孩子还要大，因为在这个过程中，我们家长受到的情绪干扰变多了。我们如果被情绪操控，就不但不能帮助孩子成功地塑造高自我认同，还会破坏孩子的自我认同。案例中的这位家长一个疏忽大意，就被情绪牵着走，把前面努力的成果都毁了。因此，觉察和区分一定要是能贯穿始终的，甚至是需要贯穿我们家长整个育儿的过程的。家长要把觉察和区分训练成自己的自动反应，事事觉察，时时区分。只有这样，我们才能真正地支持孩子把高自我认同建立起来。

孩子在执行重要三件事过程中有情绪，继而影响到家长怎么办？

这个问题可以对应到本章提到的第一大关键点中的一个概念：重要三件事只是一个载体，它最重要作用的是帮助孩子植入"我是一个说到做到的人"的自我认同，这个计划本身有没有按照预期的质量完成并不是最重要的。家长们只要牢记这一条主线，就不容易掉进执念里，被孩子或者自己的情绪带跑。

如果孩子在执行计划的过程中有情绪，而这个情绪也让家长内核不稳，无非是两个原因：孩子的情绪耽误了完成计划，和家长对孩子的情绪有看法。当家长们不执着于"按计划"完成任务时，也就不会因为孩子闹情绪、耽误计划达成进度而有情绪了。如果我们能及时做好觉察和区分，给自己转念，专注于当下的育儿小目标，那么我们即使在面对孩子情绪的时候，也能情绪平稳地帮助孩子。

如果孩子的情绪问题特别严重，先暂停不做重要三件事都行。家长要做的只有主线清晰，瞄准小目标，保持自己的内核稳定，之后再按照前文提到的第五大关键点来复盘总结，改进后下次再继续就可以。

在帮助孩子建立时间观念试错过程中，时间晚了怎么办？

关于这个问题，家长们一定要带着区分去看待：在培养孩子时间观念的初期，特别是孩子对于以自己的能力完成这件事情需要多长时间毫无概念的时候，整个计划的执行确实可能让人感到很糟糕。只要清楚，这种状况只是暂时的，就好像你在刷一口烧煳了的锅，虽然一开始刷的时候，会让你感觉比原先刷锅的状况还要混乱和糟糕，还不如不刷，但是当你刷好锅，打开水龙头一冲之后，干净闪亮的锅又会出现在你的眼前。通过试错给孩子建立时间观念的过程，就像刷锅的过程，孩子只有亲自经历这样混乱的阶段，才能真正地建立起时间观念。如果你永远不让孩子试错，他就永远难以建立起时间观念。因此，我们要分清楚主次：因为建立孩子的时间观念，可能是那个当下的"主"，所以早睡或者一些额外的安排可能就需要稍微延后一段时间，毕竟这样混乱的阶段不会持续很久，它也只是暂时的。

比如，孩子原本计划用30分钟写完一篇作文，可是他高估了自己的能力，在写开头第一句话上就卡了20分钟，加上查字、修改、誊抄，整篇作文写完用了1个多小时，原本30分钟以后出门踢球的计划也泡汤了，这会让孩子感到很沮丧，甚至情绪爆发。如果孩子的任务进度变慢连带打乱了家长的计划，那么家长也很有可能因此有情绪。在这种情况下，我们家长就需要提前给自己打好预防针，做好预案，带着觉察和区分，防止混乱带来情绪。

如果能把自己的情绪提前整理好，做好准备，划出大段的时间来给孩子，那么我们就可以放开手脚去让孩子试错，让他从试错中去累积属于自己的经验，逐渐建立起时间观念。在此基础之上，我们再给他关于时间管理的建议，他也就更容易接受了。

时间到了孩子不行动怎么办？

当时间到了，孩子还不行动时，家长是可以适当提醒的，前提是这个计划是孩子真的觉得重要的事情。参考本章提到的第四大关键点：我们家长的身份是支持者，不是闹钟和监工，因此在提醒孩子的时候不能催促。比如，当孩子在看书或者看动画片，看到正精彩的部分，忘记了时间，或者一下子无法从精彩的故事中抽离出来，去执行重要三件事时，家长可以和孩子描述客观事实："现在已经 5 点了，我记得你计划要练琴是吗？"以此提醒孩子。

有时候孩子会难以克制自己，还想看书或动画片、还想玩，无法从之前在做的事情中抽离出来，那么家长可以用游戏力引导或者时间银行的方式来帮助孩子启动。

家长不要看到提醒了孩子以后，孩子不去行动，就对孩子有看法，进而影响自己的情绪，一定要带着觉察和区分看待问题。很多时候，家长们在这个过程中无法做好支持者的角色，就是因为忍不住用很多自己的看法和标准来要求孩子，进而变回盯着、催着孩子完成任务的旧方式了。这样"为完成而完成"的方式，是无法让孩子对自己有好的看法的。因此家长一定要时刻觉察自己的看法，以及带着区分，辩证地看待孩子的行为。

如果孩子直接拒绝执行重要三件事中的内容，那么在复盘的时候，就要好好地问问孩子：这件事是否真的是你自己觉得重要，想要去做的事情？如果是，那么下一次你希望家长可以怎么支持你做到？如果不是，那么就从重要三件事中删除这件事，并告诉孩子，重要三件事一定要遵从自己的内心，然后重新去规划。

孩子糊弄任务怎么办？

我曾经遇到不少孩子，明明没有完成计划，却在计划表上打了勾，而家长不能接受孩子的这种做法，就和孩子纠缠对错——家长觉得孩子糊弄，孩子觉得自己完成任务了，于是亲子双方僵持不下。面对这样的情况，我们可以参考前文中提到的第五个关键点：这是孩子的计划，他觉得他完成了就是完成了，他觉得满意就是满意。虽然很多家长心里过不去这个坎，但是当他们带着觉察和区分看这个问题时就能明白，这是因为他们对孩子产生了敌意化投射，把孩子预设为"坏"孩子，于是就开始担心，从而见不得孩子糊弄，执着于要孩子改掉这样的毛病。请家长们一定要相信，孩子是想变好的，现在的"糊弄"恰恰说明孩子的高自我认同还没完全塑造起来。随着自我认同的提升，孩子对自己的要求就会越来越高，这是一个循序渐进的过程，家长不要妄想一步登天。家长要保持内核稳定，带着信任看待孩子，相信孩子对自己的要求会越来越高。

习惯性打压和批评孩子的老师，会影响孩子的高自我认同的塑造吗？

老师的态度虽然会对孩子的自我认同有一定影响，但不是决定性的因素。

老师和父母的身份是完全不同的，虽然在孩子的生活中，老师和父母代表的都是权威，但是老师是"外人"，和孩子的亲密度无论如何都是比不上父母的。虽然孩子上学以后，老师说的话明显比家长管用，孩子被老师认可也能够提升信心，但是孩子内心最依赖、最信任的还是父母。因此，如果孩子在老师那里受挫，回到家时，父母能保持稳定的内核，帮助孩子疏导、"充电"，这个挫折就不会产生很大影响。有父母的支持，孩子也会逐渐成长，随着自我认同的提升，孩子对挫折的耐受力会变强。同样，孩子外在行为的改变，也会降低老师对孩子批评的频率。总之，虽然老师的批评一开始会对孩子的自我认同有一些影响，但之后影响就会逐渐降低。遇到愿意鼓励孩子的老师，对孩子高自我认同的培养是锦上添花，而没有遇到这样的老师，家长也可以通过这些努力培养孩子的高自我认同。

孩子的信念和价值观，大部分是在父母这里建立起来的，他们受父母的影响也是最大的。从自我意识萌芽开始，父母就在无形地塑造着孩子的信念和价值观了，因此，对孩子建立高自我认同起决定性作用的，还是父母稳定的内核。父母能够通过觉察和区分，始终让自己保持一个稳定的内核，才是塑造孩子高自我认同决定性的因素。

以上就是培养孩子高自我认同的一整套操作体系。家长可以照着做，而其中的六大关键点，在执行中一定要格外注意我在本章中所写的细节。只要坚持 1 ~ 3 周，作为家长的你就会看到孩子对自己的认同在逐渐提升。

记住，觉察和转念是贯穿始终的一条主线，请家长们一定不要丢掉。

第八章 升级与放手
与孩子建立亲密合作的关系

我们与孩子一路相伴此生，不是为了更精准的控制，而是为了孩子成人后更从容的退场。父母与孩子真正的亲密合作是一场"双螺旋"式的共同进化，家长从"指挥官"转型为"支持者"，孩子从"执行者"转化为"共创者"，扶上马送一程可能就是亲子之间最大的尊重与浪漫了。

因此，在重要三件事的说到做到能够稳步达成的基础上，我们需要进行升级，如果说重要三件事的说到做到是培养孩子高自我认同方法的 1.0 版本，那么在接下来这一章中，我会指导大家升级到 2.0 版本、3.0 版本，直至实现孩子的自动自发、自主自驱。

这一个阶段无疑是最考验家长定力的阶段，我们家长不仅需要时刻保持觉察和区分，还需要顺应孩子身心发展的规律来进行培养，如果孩子年龄比较小（低年级阶段），建议将培养方法暂时保持在 2.0 版本，等到孩子大一些，再进入 3.0 版本。

· 第一节 ·
升级——自驱力启动的开端

在重要三件事持续做了一段时间，一般在连续两周左右之后，如果孩子完成的情况比较好，就可以进行升级。

这里需要家长们注意的点是：宁可慢，不要快。

育儿其实和种花、养鱼非常相似，都需要有足够的时间和耐心。俗话说"养花先养根"，如果一盆花的根系都没有养好时，你就着急对它施大肥，浇大水，那么你收获的大概率就是一个空花盆；"养鱼先养水"，水没有养好，水里的微生态环境没有建立起来，你就算用再先进的设备养鱼，鱼还是会翻肚皮。而育儿要先育心，家长要拿出耐心来，把孩子的高自我认同养好，孩子外在的行为表现才会好，学习的习惯和态度才会好，否则孩子就很容易出问题。

我们家长毕竟是在孩子的心灵层面做功，因此不要想着今天夸孩子几句说到做到，明天孩子就能做到自律——这是不可能的。孩子心态的建立是需要时间的，家长不要冒进，先通过做每天重要三件事，把基础打好，再升级，坚持时间长一点也无妨。

那怎么升级呢？方法听起来也很简单，就是把重要三件事升级为全天的计划。

升级全天计划

我们已经和孩子一起实施了一段时间的重要三件事，这时，就可以在重要三件事中加一件，变成四件，以和三件事同样的方式实施一周；如果孩子达成得很好，就再加一件，变成五件；如果五件事也执行得很好，就再加一件，变成六件。

请家长们留意：每天做六件事就是上限了，不要再多了。

为什么？因为其实全天计划做六件事已经可以涵盖孩子全天要做的所有事情了。以一个一、二年级孩子的作息为例：比如，7：00 起床是第一件事，7：15 ~ 7：40 晨读是第二件事，白天要做的事基本就没有了。孩子去学校之后的时间安排是跟着课表走的，非常的规律，不需要再做额外的计划。然后到了放学时间，15：40 ~ 16：40 自由活动是第三件事，回家上个厕所、喝点水、吃点水果垫垫肚子，17：00 ~ 18：00 写作业是第四件事，19：30 ~ 20：00 阅读是第五件事，21：00 睡觉第六件事。

这就是一个完整的全天计划，其中包含 6 件事已经足够了，只能少不能多。为什么呢？让我们来看一个反面例子：当你看到这样一张孩子做的计划表（见图 8-1），你是什么感觉？

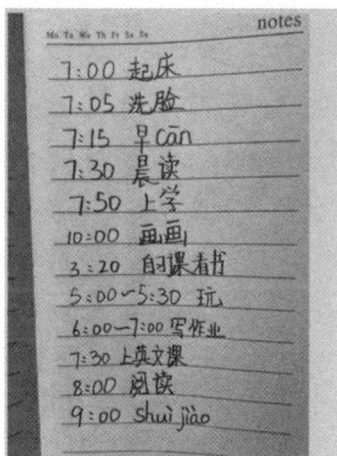

图 8-1　全天计划表

其中总共有 12 件要做的事，难不难完成？这份计划表给人的第一感觉就是：哇！我一天要完成这么多事情！不要说孩子，就是你一天有 12 项计划要完成，你也要打退堂鼓。这样的全天计划，孩子是很难坚持下去的：他都做不到完成这么多任务，你拿什么成果去培养孩子说到做到的高自我认同？

家长们要明白，越简单的计划越容易坚持。而任何简单的事情，只要加上时间的砝码，长期坚持，就会产生不得了的成果。因此，家长们不能贪心，孩子全天计划中的事项能少就不要多，不要让一个无法完成的全天计划毁掉之前对孩子自我认同的建设。

此外，请家长们仔细看，图 8-1 中的表中这 12 条计划中，其实孩子要做的事情和我在前文中所列的 6 条是一样的，只是列得太琐碎了。比如"吃早餐"和"洗漱"这种固定事项就没必要写了，在学校的时间也没有必要写，因为学校的时间安排本身就已经很规律了。这样冗余的计划，虽然看上去列得很认真，但其实会重点不突出。

如果孩子要写在学校的计划，除非是以下这种情况：有的孩子因为在一年级时，家长引导得比较好，所以这类孩子在进入二年级时，就会主动在午自习时把作业做完。因为他们已经发现，计划能够帮助自己提升效率，所以他们知道，如果在学校完成作业，自己回家后就有更多自由的时间。遇到这种情况，家长只要大力支持孩子，给孩子充足的正反馈就好。

以上这种情况孩子是可以把在学校里要做的事情写在计划上的，比如午自习写作业……除了这种情况，孩子在学校期间的安排都不需要写。

如果孩子暂时没有这个意识，家长们也不必着急。家长们不要因为了解到有的孩子有这个意识，就要用自己的孩子和这些孩子去比：能够在学校完成作业的孩子就是好的、优秀的，把作业带回家完成的孩子就是不好的、不优秀的。孩子之间的个体差异是巨大的，连双胞胎之间都有个体差异，更何况来自不同家庭的孩子呢？请家长们相信自己的孩子，孩子在执行全天计划时，会想到主动提高效率的。只要孩子的自我认同到位了，他自然会这样安排的。

如果是幼儿园阶段的孩子，就不必把重要三件事升级成全天计划，等孩子升入小学以后再进行升级，而小学阶段的孩子的全天计划根据孩子的学业安排即可。

请家长们一定要记住，全天计划中，安排6件事是上限，再多的话，孩子是坚持不下去的。虽然孩子一开始可能会因为新鲜劲儿，而愿意去完成这些任务，但时间久了，新鲜感没了，孩子就没有坚持的动力了。

完成全天计划和重要三件事的要求也是一样的：说到做到，并通过完成全天计划的成果，去强化孩子说到做到的自我认同感。

再次强调，计划只是媒介，我们家长真正要做的是为孩子植入说到做到的高自我认同。家长是支持者，要持续地支持孩子去说到做到。

说到做到带来目标感

培养孩子说到做到的自我认同还有一个附加价值，就是孩子的目标感也会在这个过程中被培养起来。

我们每天的生活是多变的，每天都会面临很多突发事件，因此才会有"计划不如变化快"这种说法。虽然我们传递给孩子的信念是："要说到做到，你是一个说到做到的人"，但不是每件事情都会按照我们所预想的发生。当遇到突发事件和原计划冲突的时候，我们和孩子该怎么办呢？

这时，就需要我说的附加价值了，这个附加价值叫作：培养孩子的目标感。

比如说，孩子原本的计划是周六和父母去露营，并花了差不多两周的时间做攻略、做计划。结果天公不作美，从周五晚上开始，淅淅沥沥的小雨就没停过，到了周六早上，小雨直接转成了大雨。眼看雨是不会停了，难道我们要孩子放弃计划吗？放弃了不就是没完成计划了吗？那孩子该怎么办呢？寻找可能性。

当孩子已经有"对承诺要说到做到"的意识的时候，这个"说到做到"是不是可以被视为一个目标？孩子为了兑现自己的承诺，除了放弃，还能不能找到其他的可能性？这是不是需要他去开动脑筋，想办法解决问题？这就是目标感。目标感强的孩子是不会把时间浪费在无用的抱怨上的，而是会去想办法达成自己的承诺。

露营的日子下雨这件事就是一个真实的案例。

案例：

下雨那天，看着孩子失落的表情，孩子的妈妈很着急，于是她发信息给我，问："看来这次露营确实是泡汤了，我该怎么疏导孩子？"

我回复这位妈妈："露营真的泡汤了吗？你的孩子可是一个说到做到的人呀。"

这位妈妈也一瞬间就明白了我的意思，于是，她决定作为支持者去启发孩子想办法，去实现周六露营这个计划。

在妈妈的启发下，孩子思考了一会儿后问妈妈："我们可以在客厅露营吗？"

妈妈说："当然可以。"

于是，一家人把装在汽车后备箱里的帐篷拿到客厅里搭了起来。

搭好帐篷以后，他们又遇到一个难题：他们为露营准备的食材是户外烧烤的食材，而在客厅里肯定没法烧烤。于是妈妈又鼓励孩子想办法，孩子说："那就吃火锅吧。"

最后，一家人吃着火锅，看着电影，听着雨声，其乐融融。晚上，在孩子强烈的要求下，一家人都睡在了客厅的帐篷里。

睡前妈妈问孩子："你对今天这个结果满意吗？"

孩子笑嘻嘻地说："很满意，比户外露营还有意思。"

妈妈一把搂住孩子说："你积极地想办法解决问题，并且兑现了自己的承诺，你做到了，你是一个说到做到的人。"

为了做到自己要做的事，去寻找可能性并且行动，就是有目标感。

我们的孩子们未来要面对的社会竞争，比我们更加多变，学校里的考试再难，也都是有标准答案的，而社会的规则和学校是完全不同的。社会中没有标准答案可言，每个人都要不断地寻找可能性，为自己创造机会，然后做到自己要做的事，并拿到成果。

如果重要三件事是培养孩子高自我认同方法的 1.0 版本，全天计划是 2.0 版本，那么当孩子已经完全升级到 2.0 版本，也就是能够在家长的支持下基本说到做到全天计划时，这个说到做到还是要依赖家长的支持，而如何才能帮助孩子真正的达成自动自发呢？这就是我们接下来要讲解的 3.0 版本了。

·第二节·
放手——让齿轮自动自发转动

在经历了前面那么多的"斗智斗勇"时刻之后，我们家长一路和孩子共同成长，到了这一步，我们就即将看到孩子自动自发的曙光了！

无论是重要三件事还是全天计划，我们都在为孩子打下一个高自我认同的地基，那就是塑造孩子"我是一个说到做到的人"的高自我认同。这个高自我认同的塑造成型，其实是有标志的，那就是当孩子犯懒了，或者遇到困难，产生了抵触情绪，不想行动的时候，你只要和孩子说："你在计划里写了要完成某件事"或者"你答应了老师/同学/朋友/妈妈/……要完成某件事"，孩子即使再不情愿，也会去行动。如果他能够约束自己去完成计划，达成目标，就说明孩子"我是一个说到做到的人"的高自我认同基本成型了。

案例：

有位妈妈假期带着孩子去长途旅游，孩子出行前按照计划把老师留的作业都完成了，痛痛快快玩了十多天才回来。回家后，妈妈和孩子都累坏了，只想赶紧舒舒服服地好好睡一觉。突然，妈妈听到孩子在大叫，吓得她赶紧冲进孩子房间察看。孩子很沮丧地告诉妈妈，明天是上钢琴课的日子，她把这事儿给忘了。妈妈默默翻出老师的通知，才发现是她们把日期给记错了。孩子暴躁地捶着枕头，妈妈也一时间不知该怎么办才好。

没想到，孩子发泄了一通后，对妈妈说："你先去休息吧，我练会儿琴，不然明天没法上课。"其实妈妈本来的想法是：孩子刚旅游回来太累了，要不明天找个理由，和老师请个假。虽然我们做家长的其实都知道，哪怕孩子糊弄一节课，老师也不会说什么，但是孩子有了高自我认同后，对事情的态度和自我要求就完全不一样了。几个月的时间下来，孩子在心里已经认定：我是一个说到做到的人！我无论如何都要兑现我的承诺！

这个高自我认同对孩子已经开始起到约束作用，让她开始以这样的"人设"去要求自己，并且说到做到的信念能够给予孩子内心力量，因此，孩子克制住了想要休息的想法，去练琴了。

这个就是很典型的，孩子的高自我认同开始让孩子约束自己行为的案例。

如果孩子已经坚持执行全天计划一段时间了，并且都完成得很好，那么家长就可以观察一下：当计划中一件事情的时间到了，而孩子不想做时，他会不会去做？如果孩子去做了，那就说明孩子的"我是一个说到做到的人"的高自我认同基本已经塑造起来了。那么，我们家长就要对培养孩子高自我认同的方式进行 3.0 版本的升级。

第一步，家长逐渐往后退

孩子的全天计划仍然要继续，只是家长要给孩子预留出一个弹性空间。这是什么意思？比如，在过去，可能孩子计划 7：00 开始写作业，当闹钟响了时，我们家长就会提醒孩子："现在 7：00 了，是你写作业的时间了。"在此之前，孩子可能从看课外书或者玩耍状态转换到写作业状态，多多少少还是需要家长引导帮助的。那么到了 3.0

版本的阶段，我们就要慢慢退出，不再提醒或者帮助孩子启动了。预留弹性空间的意思是，当闹钟响了，或者到执行计划的时间时，我们不再像之前那样去提醒孩子，而是要预留出 15 ~ 30 分钟的时间去观察。如果预留的 15 ~ 30 分钟过了，孩子还没有开始行动，我们再提醒和帮助孩子启动。

在这段弹性时间期间，你作为家长，可以观察一下孩子，他们的变化特别有趣：有的孩子之前是在看电视的，虽然闹钟响了时他还在看，但你会发现他的状态和之前都不一样了。闹钟响之前，孩子是特别放松地懒散躺坐着，而关掉闹钟后，他就会开始好好坐起来，甚至站起来了。随着时间的流逝，他还会离电视越来越远。

孩子外在的这个状态，其实就是他内心在斗争的表现。

我们家长为什么要给孩子留出这个弹性空间呢？这可不仅仅是为了观察孩子，而是要把孩子自动自发的启动空间给让出来。这是什么意思？虽然之前我们不断给孩子注入"我是一个说到做到的人"的高自我认同，给孩子植入这个信念，但是之前孩子执行计划，都是在家长的辅助和支持下做到的，依赖于家长对孩子的提醒，或者是游戏力引导等启动方式。而现在，我们需要让这个高自我认同去启动孩子，激活孩子的这个信念，让这个信念开始约束孩子。

"说到做到"这个信念，就像一颗种子，这颗种子要发芽，要长大。如果它上面一直压着一个沉重的箱子，这颗种子是无法发芽的，更是长不大的。因此，我们需要把它生长的空间腾出来。有了这个空间，孩子才能启动自己真正的内在自驱力。

前面说过，孩子的反应是他在做心理斗争的表现，我们可以把这种心理斗争看作他的心里有一个小恶魔和一个小天使在战斗。

小恶魔说："看完这集动画片再去学习吧。"

小天使说："闹钟响了，你是一个说到做到的人。"

小恶魔说："没关系，妈妈还没提醒的。"

小天使说："你是一个说到做到的人，你要兑现你的承诺！"

小天使和小恶魔就这么在孩子的心里"斗法"，有可能是小恶魔赢，也有可能是小天使赢。如果预留的 15 ~ 30 分钟到了，孩子还没有行动，那就是小恶魔赢了。这时，我们就要去支持孩子，帮助他启动，继续强化说到做到的信念。如果孩子只是磨蹭了几分钟，就关掉电视了，那就说明小天使赢了。那么，我们就要赶紧给孩子正反馈："哇！你都不需要妈妈提醒就自觉地关掉电视学习了，你兑现了你的承诺，你是一个说到做到的人！妈妈真为你感到骄傲！"

从孩子具有说到做到的意识，到完全能自动自发地完成计划，这是一个极度不稳定的阶段，时间可能也会相较自我认同塑造的阶段长很多，孩子的情况也有可能时好时坏，然而请家长们不要气馁。孩子的成长过程一定是螺旋上升的，我们只要带着信任，持续地给孩子正反馈，带着耐心去陪伴孩子成长就好。

只有孩子最终用自己的信念去克制住自己还想要看电视的冲动，去学习了，这个自动自发的齿轮才算是真正地转动起来了，这个信念才算是激活成功了。

随着这个小天使胜利的次数越来越多，孩子内在的信念感也会越来越强。信念感越强，它为孩子自驱提供的动力就越足，孩子就越能够管理好自己。

所有靠外界力量驱动孩子行动的动力的都不叫自驱力，只有由孩子自己内在信念产生的动力，才叫自驱力。

第二步，尝试放手

这一步建议家长们顺应孩子的身心发育规律来完成。如果你的孩子还在小学低年级的年龄，那么建议你在孩子三年级或者 9 岁以后再尝试放手。因为进入这个阶段之后，孩子的自我意识相较于低年级的孩子进一步觉醒，他们的自主意识和自我意志会比之前更前强，大脑前额叶皮质对他们的约束能力又进一步增强，对自己身体的把控以及很多精细动作也逐步发展完善。很多对父母很依恋，一直无法完成分房的孩子，会在这个阶段突然搬去自己房间住，这就是孩子对独立自主的需求越来越旺盛的体现。那么，我们就要顺应孩子身心发展的规律，逐渐往后退，逐渐放手。

家长可以列一张"可以完全让孩子自我管理的事情"的清单，只要是写在这个清单上的事情，家长就全权放手，由孩子自己做主，结果如何都由孩子自己承担。

比如老师有通知事项，家长在转告孩子以后，就由他自己去负责，不再提醒和检查；比如周末日程，什么时间做什么，就交给孩子自己安排等，以类似的方式逐渐把自主管理权放给孩子，慢慢扩大让孩子自我管理的事情的范围。放权后，除了特别出格的行为，其余的家长就不干涉了。

在生活上逐步放权后，慢慢地，家长就可以过渡到学习计划上的放权了。家长可以抽一天时间和孩子聊一下，最好是在新学期刚开学，或者孩子刚过完生日的时候，告诉孩子："你现在已经可以把自己的生活安排得井井有条了，我们就不天天守着你了，你自己安排、自己执行学习计划，需要我们帮助的时候，说一声就好，我们会在你需要的时候提供帮助的。"

　　这个阶段非常考验家长的心态，因此觉察和区分自始至终都不能丢。家长一定要对孩子带着信任，带着接纳，不要慌张，保持自己稳定的内核。我们作为家长，之所以那么辛苦地塑造孩子的高自我认同，就是为了在放手的时候孩子不至于放任自流、自由散漫，因为孩子的高自我认同已经形成，它会约束孩子的行为，信念也会给孩子提供动力。我们家长只要保持稳定的内核，做好支持者和"充电宝"，孩子自动自发的曙光就在眼前了。

　　家长和孩子聊完以后，学习就交给孩子自己安排。家长可以从隔一天检视，慢慢过渡到一周检视一次，最后逐渐放手，让孩子去自主。家长一定要管住嘴、管住自己的控制欲，带着信任，事事觉察，时时区分，让孩子自驱的齿轮持续转动。如果最初的尝试失败了也没关系，说明孩子还没准备好，这时，就要回到全天计划的阶段，继续塑造孩子说到做到的高自我认同的信念，依然带着坚定相信孩子的信念，再来一次！这个过程中存在疲劳期和短暂的懈怠期是正常的，请家长们不要慌，稳住自己的内核，给孩子时间调整就好。我们越给孩子独立的空间，孩子就越能得心应手地自我管理。如果你相信你的孩子能越来越好，那么他就会变得越来越好！

总　结

　　至此，我们彼此陪伴着走完了一个育儿和育己的闭环：从你小时候建立的信念体系的改变，到为你的孩子塑造高自我认同的信念，孩子和你之间的羁绊终于跳出了之前的模式。你不仅完成了自己的蜕变，也带着孩子奔向了光明的未来。你无声无息地完成了一件伟大的事情：高自我认同将会是你给孩子的心灵搭建起来的最强大的护城河！至此，他的高自我认同会在这个"我是一个说到做到的人"的主干上开枝散叶，生长出自信、乐观、坚韧、勇敢、宽容、慷慨等你能够想到的一切美好品格。孩子的内心将会成长得丰盈而强大！

　　谢谢你！我的孩子，是你让我看见那个更好的自己！

致谢

感谢我的女儿，我永远都不会忘记你还不到 2 岁时的童言童语："你知道吗？我在你很小的时候就认识你了。"这句话像是打开童话故事大门的钥匙，让我经历了一段奇妙的缘分。你给了我最纯粹的爱。

感谢我的父母以及我的丈夫，你们永远相信我可以做到自己想做的事，坚定地在我身后支持我前行。

感谢一路上遇见的家长朋友们，是你们的信任给予了我前进的动力，你们和孩子每一次的成长都鼓舞着我。这套培养孩子高自我认同的方法系统，从雏形到最终成为一套完善的体系，都离不开你们，我们是彼此成长的见证者。

感谢本书的策划编辑陈素然，是你在茫茫人海中发现我，你是这本书从无到有的推动者，这本书的成功出版离不开你的认真负责。感谢人民邮电出版社的厚爱，感谢背后默默付出的编辑们，让我的这套育儿体系能够以书籍的形式面对大众。

感谢我自己，在自我成长的道路上锲而不舍。

最后，感谢读完这本书的你，我们以这样的方式遇见，产生了一朵小小的涟漪，缓缓地散开，照亮彼此。